Bury Adels-Horn

LA MAISON DE CROY

Etude héraldique, historique et critique

Souvenance !
(Devise d'Anthoine de Croy.)

Où lucte soit Croy !
(Devise de Philippe Ier, son fils.)

Dulcia mixta malis.
(Devise de Philippe II, petit-fils de Philippe Ier.)

BRUXELLES
SOCIÉTÉ BELGE DE LIBRAIRIE
(Société anonyme)
Oscar SCHEPENS, Directeur
16, Treurenberg, 16

La Maison de Croy

BURY ADELS-MORN

LA MAISON DE CROY

Etude héraldique, historique et critique

Souvenance !
(Devise d'Anthoine de Croy.)

Où lucte soit Croy !
(Devise de Philippe Ier, son fils.)

Dulcia mixta malis.
(Devise de Philippe II, petit-fils de Philippe Ier.)

BRUXELLES
SOCIÉTÉ BELGE DE LIBRAIRIE
(Société anonyme)
Oscar SCHEPENS, Directeur
16, Treurenberg, 16

MDCCCXCIV

AVANT-PROPOS

Le présent travail, basé sur un document rare et curieux, peut-être unique, si, comme il se pourrait, il n'en existe plus d'exemplaire dans le domaine actuel de la Maison de Croy, le présent travail n'est nullement destiné au grand public, qui n'y trouverait ni attrait ni aliment ; il s'adresse au cercle très restreint des chercheurs, des amis de l'histoire, de ceux qu'intéressent les choses et les hommes du passé. Ceux-ci, de même que les vrais économistes et les véritables hommes d'État, sont fort clairsemés et ne décernent pas, comme la foule impressionnable et bruyante, le renom et la popularité ; mais, en revanche, ils forment un public d'élite, que l'on doit respecter et envers qui l'on est tenu de faire preuve de travail et de conscience.

En possession du document si rare, dont nous parlions plus haut, et comprenant la haute valeur du public auquel nous nous adressons, nous nous sommes efforcé de rendre notre travail aussi complet que possible. Pour ce, nous avons voulu remonter à l'origine de notre pièce documentaire, en rechercher la raison d'être, en découvrir l'auteur.

Or, pour atteindre ce but, il nous a semblé que nous devions d'abord jeter un coup d'œil sur le vieux Saint-Josse-ten-Noode — modernisé à outrance aujourd'hui — et tâcher de nous rendre compte des diverses mutations que le château des Croy avait pu ou dû subir.

Ensuite, comme maints chefs de cette illustre Maison, et plusieurs Membres d'icelle, ont été mêlés au mouvement bourguignon et sont devenus dignitaires de l'Ordre de la Toison d'Or, nous avons cru bien faire — et ce pour élucider divers points de la question — de nous occuper quelque peu et des gens de Bourgogne et de l'Ordre célèbre qu'ils ont institué.

Enfin, nous avons essayé de fixer l'origine des Croy, d'établir leur filiation au point de vue du monument héraldique que nous avons la chance d'avoir en notre possession, et de rechercher à quel Chef de Maison ce monument peut s'appliquer.

Certes, nous ne prétendons pas avoir réussi et être indemne de toute erreur; mais nous y avons mis tous nos soins, toute notre bonne volonté et toute notre conscience. Aux hommes experts en la matière à décider si notre modeste travail vaut quelque chose; mais, si nous craignons le jugement qu'ils peuvent porter sur notre humble savoir, nous n'avons crainte pour ce qui concerne notre sincérité. Celle-ci est hors d'atteinte, car nous osons hardiment affirmer que c'est sur pièces, authentiques dirons-nous, que nous avons entrepris et conduit la présente ÉTUDE HÉRALDIQUE.

Nous n'avons qu'un regret, c'est de n'avoir pu consulter les Archives de l'illustre Maison dont nous nous occupons. Si nous avions eu cette bonne fortune, notre petit travail eût, sans doute, été plus précis et plus complet. Nous eussions pu, entre autres, sans devoir recourir aux seuls Quartiers de Noblesse, indiquer les conjoints pour chaque alliance, et déterminer quelles étaient les Armes primitives et initiales de la Maison d'Araines, à qui la Maison de Hongrie a simplement apporté les siennes. Fait aussi bizarre qu'inexpliqué, qui tendrait à faire supposer que, avant leur entrée dans la dite Maison de Hongrie, les Croy, considérés *in sese,* n'avaient ni Blason propre, ni noblesse personnelle, et que leur anoblissement date de leur alliance avec une Maison royale. Par cette alliance, ils remontent au moins au ixe siècle; mais leur Maison à eux, cette Maison d'Araines, d'où vient-elle et quelle en est l'origine? Point obscur, que nous eussions voulu élucider et nettement tirer au clair; il ne nous a pas été donné de pouvoir le faire.

Que le bienveillant Lecteur ne s'en prenne pas à nous et, en considération des circonstances qui nous ont empêché de réaliser ce *desideratum,* veuille bien nous pardonner notre involontaire insuffisance.

B. A. T.

Février 1892.

CHAPITRE PREMIER

LA VIEILLE FERME DES STEVENS

I

Pas plus que Bruxelles, Paris ou Berlin, l'active commune de Saint-Josse-ten-Noode n'était, il y a cinquante ans, ce qu'elle est aujourd'hui. C'était — comme Schaerbeek et Etterbeek, qui la limitent au Nord et au Sud et avec qui elle voisinait — une humble et tranquille commune suburbaine de 4,000 à 5,000 habitants, où tout le monde se connaissait.

Les Vandersmissen, les Van der Borght, les Van Kerckhoven, les Schoofs, les Van Wayenberg, les Ranschyn, les De Keyn, les Stevens, les Van Hove, les Herinckx, etc., s'entendaient, fraternisaient, s'alliaient, s'occupant qui de son moulin, qui de sa culture, qui de son métier, et coulant tranquillement, dans la paix et la quiétude, leur vie modeste et ignorée.

A cette époque (1835), la commune s'étendait le long de la chaussée de Louvain, jusqu'à la rue Charles-Quint *(de l'Empereur)*, et ne comptait guère que dix à douze rues : la chaussée de Louvain, les rues du Soleil *(supprimée aujourd'hui)*, du Lait-Battu, Saint-Alphonse, Charles VI, du Curé *(Saint-Josse)*, du Moulin, de la Charité, Hydraulique, du Marteau, de l'Enclume, des Fabriques *(de l'Activité)*, chaussée d'Etterbeek, rues du Cardinal, Charles-Quint, — citée plus haut, — et c'était tout, pensons-nous.

Les rues du Petit-Village *(de Bériot)*, de Saxe-Cobourg, de la Régence *(de la Commune)*, ainsi que les rues de la Limite, Royale extérieure et Traversière se dessinaient ; la gare du Nord était encore dans les limbes et le faubourg de Cologne dans la brume ; les vieilles chaussées de Haecht et de la Poste *(Zavelweg)* voyaient leurs maisons s'aligner, se rapprocher, se toucher coude à coude.

L'énorme développement de Bruxelles et de sa banlieue était à son début.

La démolition des anciens remparts avait commencé en janvier 1819 : la rue Royale extérieure avait été conçue en 1825 ; la création du Jardin Botanique, due à l'initiative de la *Société d'Horticulture*, n'avait été approuvée que par Arrêté royal du 28 mai 1826, et ce n'est qu'en 1833 que l'on songea à tracer et à ouvrir la rue des Palais.

En 1828, si notre mémoire ne nous fait défaut, M. J.-B. Vifquin — l'Ingénieur, auteur du plan de démolition des remparts — se faisait construire *une maison de campagne* à l'endroit même où se trouvent aujourd'hui — rue Royale extérieure — le couvent des RR. PP. Jésuites et l'Église du Jésus. Une maison de campagne !... Imaginez-vous aujourd'hui la fraîcheur et la quiétude des champs, en un endroit aussi mouvementé à l'heure où nous écrivons que la place de la Monnaie, et vous pourrez vous faire une idée du prodigieux accroissement que l'agglomération bruxelloise a pris en un peu plus d'un demi-siècle.

En 1835, Saint-Josse-ten-Noode avait une population de 5,016 habitants; en 1800, il n'en avait guère plus de 1,000; en 1360, il n'en avait que 150.

En 1806, il avait, pour une population de 1,150 habitants, un budget de 426 francs, sur lequel il faisait un boni de 12 fr. 27 c.

En 1818, pour une population de 1,300 habitants, logés dans 250 maisons, il avait un budget de 1,463 fr. 37 c., sur lequel il faisait un boni de 9 fr. 37 c.

En 1835, il mettait à la disposition de ses 5,016 habitants, 1,021 maisons, et il avait un budget de 8,280 fr. 96 c., qu'il clôturait encore avec un bénéfice de 1,370 fr. 65 c.

En 1885, pour une population de 28,604 habitants, logés dans 5,700 maisons, il a un budget, en dépenses ordinaires et extraordinaires, de 3,830,464 fr. 45 c., sur lequel il ne fait plus de boni du tout (1).

En 1806, on payait 37 centimes d'impôt communal par tête; en 1885, 134 francs, — plus de trois cent soixante fois plus! Le progrès est une belle chose, mais on ne l'a pas pour rien.

II

Dès son origine, Saint-Josse-ten-Noode — avec Ixelles, Saint-Gilles, Forest, Anderlecht, Molenbeek-Saint-Jean, Laeken et Schaerbeek — faisait partie de la banlieue ou cuve *(cuype)* de Bruxelles et ressortissait, pour le temporel, à l'administration de la Cité, pour le spirituel, à la Collégiale des SS. Michel et Gudule.

(1) Voir Comptes communaux des années indiquées.

Son église, qui n'était d'abord qu'un simple oratoire ou chapelle *(sacellum)*, n'avait été érigée que vers 1360, après la construction de la deuxième enceinte de Bruxelles, et pour faciliter à ses rares habitants les secours religieux et la fréquentation des sacrements.

Elle était desservie par un Recteur, nommé par le Chapitre de Sainte-Gudule, et, s'il faut en croire la version courante, ne devint paroisse qu'en 1803.

Cependant, un vieil acte du 31 août 1737 — que nous reproduisons ci-dessous et qui donne une série de vieux noms de famille devenus rares dans l'agglomération — établit clairement que Saint-Josse-ten-Noode était paroisse déjà au commencement du xviiie siècle (1).

(1) Den ondergeschreven Gecommitteerde totte Annotatie certificeert mits desen dat ondersocht hebbende het cohier geintituleert PROCHIE VAN SINT-JOSSE-TEN-NOODE nyet te hebben bevonden, dat Gillis van Campenhout, Guilliam Seghers ende Elisabeth Brempts daernaer Joos Seghers ende Marie-Anne Scheiltiens, Item Anna Seghers getrouwt met François van Dievoet, Elisabeth Seghers getrouwt met Gaspar Goens, Cornelis Seghers ende marie Seghers getrouwt met Cornelis de Smeth, Item Marie-Anne de Smeth getrouwt met Martinus Lockx, Item Lambertus Carlier ende Anna van Berom, Item Louys Carlier met Elisabeth de Greue, Item Françoise Carlier met Carel Voermans, Item maria Carlier ende Jan van Obbergen, Lambertina Carlier ende anna-maria Carlier met Joannes van Lack, Item Joseph Carlier met Clara Pauwels, Item nicolaes Carlier, Peeter, Joos, michiel ende anna Carlier met Jan Fox, Item Hendrick Carlier ende Laureys Carlier, Item Peeter van Berom, Catharina van Berom met Bartholomeus Herbosch, Petronella van Berom met Dionisius oetaert, Guilliam van Berom ende Govaert van Berom, anna Poels ende Jan van Berom zeker huys gestaen ende gelegen tot Sint-Joos-ten-Noode cuype deser Stadt voor desen geweest synde eenen watermolen, comende tegens den nieuwen Casseyde loopende naer Etterbeek ende van achter tegens syne mat[s] Fonteyn molen aldaer, t' sedert den beginne van annotatie tot heden dat se deser souden hebben belast oft verbonden; mede t' heunen laste geene verboden te syn gedaen; T' oirconden desen eenenderthichsten Augusti xvii[c] sevenenderthich. (Geteekend) J. B. Sire Jacobs.

Maître J. B. Sire Jacobs, le fonctionnaire commissionné à l'Annotation (hypothèques) de Bruxelles, en déclarant — en 1737 — " qu'il a compulsé le registre intitulé : *Paroisse de Saint-Josse-ten-Noode* ,, prouve à suffisance, nous semble-t-il, que la dite paroisse existait, comme telle, à peu près un siècle avant 1803.

Il y a cinquante ans, Saint-Josse gardait encore quelques vestiges de ce qu'il avait été au Moyen Age, c'est-à-dire une oasis charmante, située contre l'enceinte même de Bruxelles.

Quand, au xv⁰ siècle, on sortait de la lourde, solide et massive porte de Louvain et qu'on se trouvait en dehors des fossés, on avait devant soi la jolie vallée de la Maelbeek ou mieux de la Scaerbeek (1), bordée au Nord par les collines de Laeken, à l'Est par le Vinckenberg et le bois de Linthout, au Midi par le bois de la Cambre et la forêt de Soignes, à l'Ouest par la ville de Bruxelles, se profilant sur les hauteurs du versant occidental de la dite vallée de la Scaerbeek.

Au fond de la vallée coulait la tranquille rivière, dont les ruisselets affluents prenaient leur source dans la forêt Sonienne, et qui, dès l'orée du sombre bois, alimentant d'abord le vivier de l'Abbaye de la Cambre (2), puis, s'épanchant en rapides et cascatelles, allait former les étangs limpides d'Ixelles, d'Etterbeek, de Saint-Josse-ten-Noode et de la Vallée de Josaphat, pour, un peu plus loin, mêler ses claires ondes aux ondes troublées de la Senne.

Les hauteurs boisées de l'Orient et du Sud coupant les vents arides et secs de l'Est et les souffles brûlants du Midi lui apportaient l'ombre et la fraîcheur, et ce paisible val, d'une lieue d'étendue, avec ses étangs calmes et cristallins, ses prés verdoyants et fournis, ses guérets cultivés et fertiles, devait, pour les habitants de la grande Cité brabançonne, constituer la promenade prochaine, recherchée et préférée. Aussi ne s'en faisait-on faute, et si les bons bourgeois y

---

(1) *Scaerbeek*, ruisseau du taillis.
(2) *La Camera beatæ Mariæ*, fondée au xiii⁰ siècle par une noble damoiselle de Bruxelles, la pieuse Gilda.

trouvaient leurs tonnelles et leurs tavernes, les grands seigneurs y élevaient leurs palais et leurs maisons de plaisance.

Les Ducs de Bourgogne, les Croy, les Marnix, Cardinal Granvelle, le prudent Houwaert, monumentifié pour son entregent, d'autres encore y avaient leurs demeures ou castels et venaient y chercher l'air pur et vivifiant des prés et des bois.

Que reste-t-il de tout cela ? Au lieu d'habitations seigneuriales et de cottages pittoresquement éparpillés, on a des rues droites, monotones, sans style ni caractère, d'où le sentiment des traditions nationales est banni ; au lieu de jardins joyeusement fleuris, de sentiers entre les haies, de moulins chantant sous la cataracte de la vanne ouverte, de grands arbres robustes à l'ombrage séculaire, on a des moellons, des trottoirs, des machines à vapeur, de hautes maisons étroites et plâtrées ; la Scaerbeek, dont un affluent, le *Broebelaer*, par le barrage de la Fonteynmolen et la Machine hydraulique, fournissait à la Ville de Bruxelles une eau pure que le soleil et le grand air avaient fouettée, clarifiée et assainie, la Scaerbeek, enfermée dans un canal étroit et cachée sous une voûte invisible, est devenue un égout infect, une véritable *etterbeek ;* Toulouse, la demeure des Marnix, a disparu ; le château de Granvelle a été rasé ; du castel des Croy, on ne retrouve plus trace ; le Petit-Venise et le pignon de Houwaert, avec sa devise d'opportuniste :

HOVDT MIDDEL MATE (1)

n'existent plus ; tout a été saccagé, abattu, anéanti. Dans toute la Commune, on ne trouve plus qu'une jolie tourelle, débris

---

(1) Sur la pierre sépulcrale qui se trouvait jadis au cimetière, près de l'ancienne

mutilé et désolé du palais de Philippe le Bon; et encore, a-t-elle été rebâtie au xviie siècle. Elle fait partie aujourd'hui de la brasserie Van den Perre, chaussée de Louvain, près de la rue du Cardinal. C'est tout, absolument tout ce qui reste du vieux, pittoresque et aristocratique Saint-Josse-ten-Noode des xve et xvie siècles.

III

Son nom même a changé et a perdu sa signification première.

Que signifie, en effet, cette réunion de vocables : Saint-Josse-ten-Noode ? Cela signifie-t-il Saint-Josse-au-Besoin, comme d'aucuns le prétendent ?

LES DEUX TOURS (1)

Alors, qu'est-ce que cela veut dire ?

église de Saint-Josse, la devise se formule comme suit :

INTER VTRVMQVE TENE

Tiens entre les deux; traduction libre : *Nage entre deux eaux, mon garçon, e ménage la chèvre et le chou.*

Devise fort sage, fort calme, digne d'un prudent notaire, mais certainement pas celle d'un caractère viril et solidement trempé.

Houwaert, du reste, avait eu un prédécesseur; Maximilien d'Autriche, le grand-père de Charles-Quint, lui avait fourni modèle. La devise de cet Archiduc, devenu Empereur, était :

HALT MAAS !

Celle-ci, cependant, plus large et moins mesquine que celle-là.

(1) De ces deux Tours, il n'en reste plus qu'une : celle dont on voit le toit à l'arrière-plan. Celle de l'avant-plan — que représente notre dessin — fut démolie vers 1870, croyons-nous, et remplacée par des constructions de rapport, avec enduit sur mur et moulures en plâtre. C'est de haut goût !

On a soutenu que Saint-Josse était un endroit fort aride, sablonneux, de grande pauvreté, où un urgent besoin se faisait sentir; on dit encore que les bréhaignes, désireuses de maternité, venaient, au *sacellum* consacré au Saint Hermite, demander avec ferveur grâces, bénédictions et fécondité : de là cette appellation de *ten-Noode* (au Besoin), qui le distingue des autres temples et chapelles.

Mais cela nous paraît contraire et à la vérité historique et à la réalité des faits. Saint-Josse — à moins de remonter aux âges préhistoriques et à la période glaciaire — n'a jamais été un endroit aride, sablonneux et de grande pauvreté; au contraire, c'était un vallon des plus frais et des plus fertiles, où, à l'Ouest et au Midi, s'étageaient même des vignobles renommés.

Il n'est pas prouvé davantage, que nous sachions, que les bréhaignes — plus spécialement que les fiévreux, épileptiques et éclopés — venaient y demander secours, aide et protection.

Ce qui est, dans tous les cas, incontestable, c'est que Saint-Josse-ten-Noode doit son existence et son nom au Saint Hermite à qui il a été consacré.

Mirabilis Deus in sanctis suis! Aux moments nécessaires, l'Église trouve toujours, prêts à se mettre à son service, des hommes étonnants par leur piété, leur charité, leur renoncement; de ces hommes qui savent penser de haut, mépriser les choses terrestres et trouver la victoire dans une vie supérieure et divine. Saint Josse était de ceux-là.

De naissance illustre, fils et frère de roi, il était né sur les marches d'un trône, et son enfance et sa jeunesse s'étaient passées dans les splendeurs d'un palais.

Son père Hoël, ou plutôt Juthaël, troisième du nom, était roi de la Bretagne armoricaine, de la *Britannia Minor*.

A la mort de son père (620) et de son frère aîné (630), son frère maisné, Judicaël, héritier du trône, voulut y renoncer en sa faveur. Josse — ou mieux Judoce — demanda huit jours pour réfléchir et se décider, et en profita pour s'enfuir et se soustraire aux honneurs royaux.

Il se joignit à une troupe de pèlerins, s'arrêta chez le sire Haymont, comte de Ponthieu (1), entra dans les Ordres sacrés et fonda l'hermitage de Brahic *(La Broye)*, près de l'Altheïa *(l'Authie)*, où il se retira avec son disciple et serviteur, Wurmar ou Wulmar.

Pénétré des douceurs de la retraite et de la vie solitaire, qui donne la liberté entière de méditer, de prier et de servir le Seigneur, Josse fonda un deuxième hermitage, près de la Canche, au bois de Douriez (Dampmartin), qui, du nom de son fondateur et du lieu où le dit hermitage fut élevé, s'appela par la suite Saint-Josse-au-Bois.

Frappé de la simplicité et de la sainteté de sa vie, qui était un éclatant et touchant exemple pour les orgueilleux et féroces leudes de cette époque, le Pape Martin Ier voulut le voir et s'entretenir avec lui. Josse partit pour Rome, fut tendrement accueilli par le Saint-Père, en reçut les instructions les plus sages et les plus affectueuses, et revint au bout de quelques mois à Ponthieu, plus épris que jamais de sa chère solitude.

A son retour, au lieu dit Bavémont, il joignit sa prière à celle de la fille du sire d'Airon, la jeune Juliule, qui l'implorait avec ferveur, et rendit la vue à cette pauvre enfant, aveugle de naissance (2).

---

(1) Le Ponthieu est un ancien comté de France, dans la Basse-Picardie, vers l'embouchure de la Somme, dont Abbeville est la capitale.
(2) L'honorable et très savant Chanoine Adolphe Delvigne, S[ti] *Judoci in eremo*

Il éleva un troisième hermitage à Rumanus, entre Dampmartin et Gouy-Saint-André, et enfin, en un lieu désert du littoral, édifia un quatrième sanctuaire, qui devint la célèbre Abbaye de Saint-Josse-sur-Mer, de l'Ordre de Saint-Benoît.

Quand il vit cette âpre solitude, il s'écria avec joie : *Hæc requies mea in sæculum sæculi; hic habitabo quia elegi eam!* (1)

Il y passa le restant de sa vie, priant pour les pécheurs, se dépouillant pour les pauvres, consolant les affligés, qui, en foule, assiégeaient son oratoire, et, comme saint Paul, disant sans cesse : *Cupio dissolvi et esse cum Christo!*

Nobili progenie, nobilior moribus (2), il ne voulut vivre et agir que pour Dieu seul (3), et mourut en sa pieuse

---

juxta Bruxellas in Belgio Parochus, a publié, en 1887, à Bruxelles chez Polleunis, Ceuterick et Lefébure, le Propre de Saint-Josse. Ce Propre, découvert en un Recueil sur parchemin de la très ancienne Abbaye de Saint-Laurent, à Liége, date du Moyen Age, est, en tous cas, antérieur à la Réforme du Missel prescrite par Bulle papale de Pie V, — donnée de Saint-Pierre, à Rome, la veille des Ides de Juillet, *pridie Idus Julii*, c'est-à-dire le 14 du dit mois, de l'an de l'Incarnation 1570, — et rappelle brièvement les principaux faits et gestes de la vie de saint Josse. C'est ainsi qu'au II° Nocturne de l'Office il dit, en parlant de la miraculeuse guérison de Bavémont : *Puella quædam oculorum luce privata, sancto adducta, ac aqua idem lotus erat facie abluta, videns rediit ad propria.*

C'est ainsi encore que cet important document ecclésiastique indique, en ces termes, les jours de l'année consacrés à saint Josse :

Primum in die S^{ti} Barnabæ Apostoli, quod apparuit manus Domini super eum visibiliter;

Secundum festum inventionis ejus in die S^{ti} Jacobi Majoris Apostoli;

Tertium festum translationis ejus altera die Calixti Papæ;

Quartum dies obitus ejus ipso die Sanctæ Luciæ Virginis et Martyris.

(1) Vide Proprium in II Nocturno.
(2) Vide id. ad Cantica.
(3)   Regnum terræ conculcavit
      Spreta mundi gloria;
      Solo Deo militavit.
            id.   ad Vesperas.

solitude, aux bords de la mer armoricaine, aux Ides de Décembre, 13 du dit mois, de l'an de Grâce 669, date conforme au Propre d'Arras, qui dit textuellement : *Obiit in cellula, circa finem septimi sæculi.*

Plus de soixante ans avant cette date, vers l'an 602, saint Gaugericus, — *Gery*, pour les Wallons, *Guric*, pour les Flamands, — Évêque de Cambray, avait, un des premiers, osé s'aventurer dans la contrée sauvage, marécageuse et idolâtre du Brabant.

A cette époque, — commencement du viie siècle, — Bruxelles était une pauvre bourgade, basse et humide, couchée dans la brume aux bords de la Senne, dans une clairière de l'énorme forêt, dont les débris aujourd'hui la bornent au Sud, et c'est tout au plus si les anciennes chroniques hagiographiques en font mention (1).

Le Saint Évêque de Cambray pénétra dans ce marécage ; au clan de chasseurs et de forestiers, qui y séjournaient, apporta la Bonne Nouvelle, choisit un îlot inoccupé de leur calme rivière et y éleva un oratoire, bientôt célèbre dans la contrée.

Le zèle des convertis et la ferveur des fidèles le changea, peu de temps après, en une spacieuse église, autour de laquelle vint se grouper toute une population de rudes néophytes. Ce fut le berceau de la grande et splendide Capitale brabançonne.

Mais l'Œuvre évangélique de Gaugericus avait besoin d'aide, et cette Vigne nouvelle ne pouvait fructifier qu'avec des ouvriers.

(1) Nous parlons de Bruxelles même ; le pays des *Bethasi* (Brabant) était connu des Romains, qui, dès le iie siècle, y avaient établi des stations ; Laeken, entre autres, avait été le lieu d'un de ces établissements.

Ils ne manquèrent pas à la tâche. L'un d'eux — un disciple sans doute de Judoce de Bretagne et, comme son maître, amoureux de la prière, de la pénitence et de la solitude — arriva certain jour en plein bois de Linthout ou Lindwoud, au bord de la Scaerbeek, y éleva un hermitage et l'accosta d'un humble *sacellum*, d'un modeste oratoire, qu'il consacra à la mémoire de l'illustre Hermite armoricain.

Et de même que les Oratoires : de *Maternus*, près du Jeker, de *Monulphe*, près de la Meuse, d'*Eleuthère*, près de l'Escaut, d'*Amand*, en aval de ce fleuve superbe, de *Bavon*, près de la Lys, de *Gaugericus*, dans une des îles de la Senne furent les berceaux de Tongres, de Liége, de Tournay, d'Anvers, de Gand et de Bruxelles, de même l'hermitage et l'oratoire

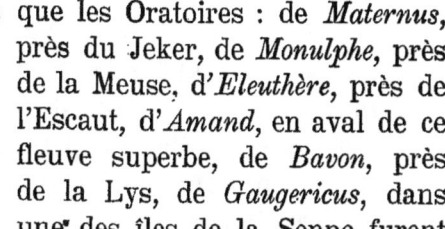

CHAPELLE DE St-JOSSE-TEN-WOUDE DE 1360 (1)

consacrés à Judoce, aux bords de la Scaerbeek, furent la première assise de l'importante commune suburbaine de Saint-Josse-ten-Noode.

Ceci est conforme à une Loi constante de la Société nouvelle : toutes les villes, toutes les agglomérations de l'Europe chrétienne doivent leur origine à un *evesque*, un *presbtre*, un moine, parfois un simple et pauvre hermite; et toutes, elles sont marquées du sceau de l'Eglise, qui les a tirées de l'ignorance et de la barbarie. Et quand

---

(1) D'après le croquis du plan de Bruxelles (1550) de Jacques de Deventer.

même ces cités existaient déjà de nom sur le sol du monde celtique, romain ou germain, recréées par l'Église sur un plan nouveau, c'est par Elle, et par Elle seule, qu'elles furent amenées à la Lumière, conquises à la Vérité, conduites à la Liberté.

C'est que ces bâtisseurs d'oratoires, de chapelles, d'églises, de monastères et d'écoles n'étaient pas seulement des hommes de prières et de sacrifices : c'étaient encore des défricheurs, des administrateurs, des savants, des sages, des *maîtres*, dans toute l'acception tendre et élevée du mot, — maîtres non par la violence, par le bâton ou par le glaive, mais maîtres par l'esprit, par le cœur, par la grandeur d'âme, par les entrailles de père qui palpitaient en eux. C'étaient des conquérants véritables, mais des conquérants pacifiques, qui savaient attirer les âmes par les œuvres, entraîner les cœurs par la mansuétude et vaincre les esprits par la lumière divine de l'Évangile, dont ils étaient les nonces et les propagateurs.

Nous croyons que l'oratoire primitif de Saint-Josse a été érigé au VIIIe ou, au plus tard, au IXe siècle. Certes, nous ne possédons ni document historique, ni monument contemporain, ni pièce précise qui nous permette de l'affirmer en toute connaissance de cause : ce n'est que par déduction que nous en arrivons à notre affirmation.

Il est sans conteste, pensons-nous, que saint Gaugericus, Evêque de Cambray, évangélisa la contrée bruxelloise au VIIe siècle, et que saint Josse de Bretagne mourut vers la fin de ce même siècle (669). Si saint Josse fonda quatre hermitages, — La Broye, Dampmartin, Rumanus et Josse-sur-Mer, — ce n'était certainement pas pour les habiter en même temps, car, pas plus que le plus simple des mortels, il n'avait le don d'ubiquité; ce devait être, au contraire, pour y placer ses disciples et ses prosélytes. Or, ceux-ci devaient pratiquer la doctrine de leur cher Maître, propager sa parole, vulgariser son œuvre; ils devaient donc chercher à s'étendre, à se développer, à fonder des hermitages et des oratoires, là où la barbarie du temps ne troublait pas la quiétude et permettait la prière. Or, qui aurait établi un *sacellum* aux bords de la Scaerbeek, dans le bois de Linthout, près de Bruxelles, si ce n'est un aide ou un coadjuteur de saint Gaugericus, l'évangélisateur de cette contrée? Et qui aurait songé à consacrer cet oratoire à l'humble Hermite de Bretagne, si ce n'est un des disciples de celui-ci?

Dès 1251 déjà, on parle de Saint-Josse, sous la dénomination de *Sint-Josse-te-Nude* (1). Son oratoire, comme nous l'avons dit plus haut, fut changé en chapelle en 1360. Jacques de Deventer indique cette chapelle sur son plan de 1550 et en esquisse un croquis, que — étant donnés la coutume liturgique et le style de l'époque — on peut se représenter sous la figure d'un édicule ogival, à une nef et à tourelle occidentale opposée à l'autel situé à l'Orient. Cette chapelle fut saccagée de fond en comble par les Calvinistes, en 1580, et rebâtie, vers 1600, sous une forme moins rudimentaire, mais aussi moins caractéristique que sa devancière. Elle subsista jusqu'en 1865, époque à laquelle elle fut démolie pour faire place à l'église actuelle.

L'origine de Saint-Josse-ten-Noode nous paraît donc bien être l'oratoire que l'assistant de saint Gaugericus, disciple de saint Judoce, éleva aux bords de la Scaerbeek, dans le bois de Lindwoud.

(1) Voir Archives de Sainte-Gudule.

Or, *woud* (Lindwoud) (1) — *gualdus*, en basse latinité, *wald*, en allemand, *wood*, en anglais — *woud* signifie

VIEILLE ÉGLISE DE St JOSSE-AU-BOIS (St JOSSE-TEN-WOUDE, DITE TEN-NOODE), DÉMOLIE EN 1865.

(1) *Lindwoud, Linthout,* bois de Tilleuls. Cette essence devait être singulièrement répandue dans le pays, car elle a donné son nom à bien des localités et à bien des familles. En effet, les noms : *Detilloux, Dethioux, Detilleul, Tilleur, Til-*

bois, frondaison, forêt ; comme ἤρεμος — d'où le mot *hermite* — signifie *solitude, repos*. Nous avons donc *Sanctus-Judocus-in-Eremo* ou, en langage du pays, *Sint-Joos-ten-Woude*.

Dans les vieilles pièces et chroniques des XIIe et XIIIe siècles, on trouve *Oede, Noede, Nude ; u* se prononçant *oe* (ou), *Nude* et *Noede* sont même chose. De *Sint-Joos-ten-Woude*, par élision naturelle du *w*, on a fait *Sint-Joos-ten-Oede ;* et le *n*, suffixe de *ten*, devenant le préfixe de *Oede*, on en arrive logiquement à *Sint-Jooste-Noede, Sint-Joos-te-Nude, Sint-Josse-te-Noode*, et enfin *Te-Noeye*, comme le prononcent les natifs de l'endroit.

Or, tout cela signifie non pas *Saint-Josse-au-Besoin*, mais tout simplement *Saint-Josse-au-Bois*.

Et si cette explication paraît hasardée et peu ou prou satisfaisante pour le lecteur, il en est une autre, peut-être, qui lui agréera davantage.

Sur le *plan de* Jacques de Deventer, de 1550, Saint-Josse est désigné sous le nom de *St Joes ten Hoy*, et dans l'*Histoire de l'Archevêché de Malines* de Corneille van Gestel (1725), sous celui de *St Joos ter Hoye*.

La vallée de la Scaerbeek, qui, depuis Ixelles jusqu'à Laeken, va s'élargissant, devait, plus que toute autre, être propice à la création de plantureux pâturages et à la production de fourrages parfumés. En outre, le Grand Etang de Saint-Josse, qui, dès le XIVe siècle déjà, appartenait au Domaine, s'appelait au Moyen Age de *Hoevyver* (Étang aux Foins).

Saint-Josse-ten-Noode ne signifierait donc pas autre

---

lière, Vanderlinden, Lindanus, Lindemans, Lindedries, Lindeberg, etc., sont, quoique propres, excessivement communs.

chose, en réalité, que Saint-Josse-au-Bois (Sint-Joos-ten-Woude) ou Saint-Josse-aux-Foins (Sint-Joos-ten-Hooye), et nous pensons que, si l'une ou l'autre de ces dénominations n'est pas la vraie, l'une ou l'autre du moins sera plus vraisemblable que la baroque expression de Saint-Josse-au-Besoin.

Nous savons que les choses non seulement changent de forme et de figure, mais encore de nom, et que la dénomination officielle d'aujourd'hui n'est plus celle d'hier et ne sera plus celle de demain.

De ELSEN-EEL (1) (bois d'aulnes), on a fait IXELLES; d'ITTERBEEK (ruisseau du marié) (2), on a fait ETTERBEEK (ruisseau de pus); de BRUXELLES *(broek, broeksel,* de *breken,* marais défoncé, drainé et asséché), les Flamands ont fait BRUSSEL, ce qui ne signifie rien et est en dépit du bon sens et de l'étymologie. Il est vrai que ces bonnes gens aiment leurs S, qu'ils les redoublent à tout propos et qu'ils les glissent partout. C'est ainsi que le mot *bischop* — que les vieux auteurs, tels que Godefridus et Tatianus, écrivent *biscop* et *biscof* — ils l'écrivent *bisschop*, avec deux S; ce qui, au point de vue étymologique et rationnel, est tout aussi bizarre et hasardé.

La chaussée d'Etterbeek est devenue la *rue de la Pacification,* la rue de la Procession a changé en *rue Saint-Alphonse* et *rue des Moissons;* la rue Neuve s'appelle aujourd'hui *rue Charles VI;* la rue du Lait-Battu — une des premières et, avec la Chaussée même, une des plus vieilles du faubourg — est devenue *rue Scailquin,* on n'a jamais su pourquoi.

(1) *Eel* est un vieux mot flamand qui vient de ὕλη, *sylva,* et signifie *bois.*
(2) *Itten* est un vieux mot zélandais qui signifie *prendre femme; itter,* épouseur.

Étonnez-vous donc que le vieux Joos-ten-Woude, ou Joos-ten-Oede, ou Joos-ter-Hoye, soit, à la longue, devenu Josse-ten-Noode et que le Dedonckers molen (Moulin de Dedoncker) ait troqué son nom contre celui de Donker molen (Moulin obscur)!...

Si encore on se bornait à donner des noms nouveaux à des rues nouvelles, cela pourrait se comprendre; mais débaptiser de vieilles voies de communication, qui ont leur physionomie et leur cachet, leur enlever leur dénomination flamande et leur caractère vraiment national, pour les affubler d'un sobriquet savantasse et prétentieux, c'est aussi mesquin qu'absurde.

Du reste, le populaire et les vieux sont assez réfractaires à toutes ces nouveautés, et dans leur naïveté narquoise arrangent parfois fort singulièrement les choses.

Pour les vieux et le populaire, la rue d'Alost (en ville) est restée *het Moerstraetje* (ruelle du Marais); l'impasse de la Fauvette s'appelle encore *in 't Kanonsken*, et l'impasse du Lierre, *Pastuurs gang*; la rue Céramique se dit *Kramik straate*, et la rue Herry, révérence parler, *Walluizen poort* (Porte-aux-Punaises).

Nous en passons, et des meilleurs.

Qui, du reste, ne se souvient qu'en suite d'un ukase du 8 Prairial an VI (27 Mai 1798), le nom " des établissements publics, rues et places publiques, qui, jusqu'alors, avaient porté des désignations qui blessaient autant la saine raison que le régime républicain „, avait été changé, et qu'entre autres, désormais

la rue du Curé	s'appellerait rue	du Petit-Coq,
" " Sainte-Anne	"	" de la Fécondité,
" " des Minimes	"	" de l'Amitié,

la rue de Notre-Seigneur   s'appellerait rue de Voltaire,
" " des Bogaerds " " J.-J. Rousseau,
" " du Nom-de-Jésus " " Mucius Scævola,
" " Saint-Roch " " de l'Oubli,
" " de l'Évêque " " des Innocents,
" " Rempart-des-Moines " " du Rempart-Cisalpin,
" " Montagne-de-Sion " " Montagne-de-la-Gloire,
" " de la Madeleine " " du Capitole,
" " des XII Apôtres " " de la Démocratie,
" " du Paradis " " de l'Olympe,
" " Saint-Pierre " " de la Clef, etc. ?

Nous vivons à une époque de libre-pensée et de négation comme on en rencontre peu dans l'histoire, et les esprits forts raillent aussi sottement que cyniquement les choses les plus saintes et les plus respectables. Or, allez un peu demander après la rue de la Clef, de l'Olympe, du Capitole, du Rempart-Cisalpin, de Mucius Scævola, de J.-J. Rousseau ou de M. de Voltaire, pour voir si l'on vous conduira rue Saint-Pierre, rue du Paradis, rue de la Madeleine, rue Rempart-des-Moines, rue du Nom-de-Jésus, rue des Bogaerds ou rue de Notre-Seigneur! Les noms payens ont eu une durée éphémère, les vieilles dénominations ont résisté au démarquage et sont restées, et le plus scientifique des gueux, comme le plus suffisant des gueuzillons, n'oserait même plus demander la résurrection de ces noms-là.

Aussi les édiles auront beau s'agiter et réglementer : la rue de la Pacification reste, pour les vieux, de *Etterbeeksche kadseide*, comme la rue Scailquin reste de *Botermelk straet*, et si les dits vieux doivent absolument moderniser, ils appellent cette dernière rue la rue *Sarlequin* ou *Salechin*, ce qui, il faut l'avouer, laisse énormément à désirer.

Mais quand — au lieu de tout simplement administrer, et

de leur mieux — les dits édiles s'avisent d'ambitionner des armoiries et se mettent à blasonner, si c'est moins grave, c'est bien plus drôle! Ils ne réussissent en ce cas qu'à faire du grotesque et à produire une étonnante *olla podrida*, où se viennent heurter, en un joyeux méli-mélo, la gueuserie, le flamingantisme, le solécisme et l'hérésie historique.

Certain jour, piqués de gentilhommerie et voulant se payer une savonnette à vilain, — dont ils sentaient sans doute l'impérieux besoin, — ces bonnes gens donnèrent la volée officielle à un solennel blason, aussi prodigieux que solennel et officiel. Nous n'avons pas ce chef-d'œuvre héraldique sous les yeux et ne pouvons en faire la critique sur pièces. Mais, pour autant qu'il nous en souvienne, cela est écartelé et porte dans un de ses quartiers les lettres majuscules T. N., dans un autre, une besace. De plus, cela a une devise : *Help U zelve*, si nous avons bonne mémoire. Que pourraient bien signifier ces T. N? Ten Noode? cela n'a pas de sens. Et la besace? un hommage aux Gueux du xviᵉ siècle? Mais ils n'ont rien fait pour Saint-Josse, si ce n'est le saccager et le piller en 1580. Et la devise? Véritable solécisme, — car correctement on devrait dire : *Help U zelf*, et non pas *zelve*, — ce n'est qu'un tronçon du vieux dicton : *Help U self ende God sal U helpen*, dont on aurait bien fait, selon nous, de respecter l'intégrité. Alors quoi? Blagonner, pardon! blasonner de la sorte, c'est méconnaître l'histoire et ignorer les premiers éléments de la Science héraldique.

En effet, les Armes, en général, sont au fond, sinon *parlantes* dans l'acception stricte du mot, du moins *significatives*, et rappellent soit une action d'éclat, soit un fait mémorable, soit une circonstance importante de la vie de celui qui les porte. Ainsi les *VIII burelles* de l'Escu hongrois figurent les quatre fleuves et les produits du sol de Hongrie; le *lion de sable sur champ d'or*, de Flandre, rappelle la victoire que Robert de Jérusalem, croyons-nous, remporta sur un fils de l'Islam, qui étalait cet emblème sur son bouclier; les *armes à enquerre* de Godefroid de Bouillon remémorent le triomphe de la Croix sur le Croissant, etc.

Or, si les bonnes gens de Te Noeye s'étaient souvenus que Saint-Josse doit son existence à l'Hermite illustre auquel, dès la première heure, il fut consacré; que ce pauvre hermite était fils d'un roi de Bretagne; qu'il prit le bâton de pèlerin et qu'il se réfugia dans la solitude; qu'en outre le hameau suburbain de Ten-Woude fut un des lieux de plaisance des Ducs-Souverains de Bourgogne et de Flandre, ces bonnes gens eussent formulé leurs armoiries de tout autre façon.

Ils eussent, par exemple, pu blasonner comme suit :

D'hermine plein, qui est de Bretagne, *au franc quartier de Bourgogne moderne; au chef cousu de gueules, chargé de III coquilles d'or;* timbré *d'une couronne royale du même, à XII fleurons, surmontée d'une Croix d'or.* Tenant : *le Lion rampant de Flandre;* Lambrequins : *d'hermine et de gueules;* Devise : *Subditus sum.*

C'eût été simple, correct, conforme aux traditions historiques; cela indiquait l'origine, l'éclat, le loyalisme séculaire de ce vieux et célèbre faubourg de Bruxelles et, en somme, cela signifiait quelque chose, nous semble-t-il. Mais, étant données les idées positivistes et voltairiennes des édiles des grandes villes et de leur banlieue, des armoiries semblables les eussent plus horripilés que servis. Il y a du " calotin „ dans pareil blason; et encore, que le cri de la chevalerie fut : *Dieu, mon Roy et ma Dame!* et que, par ainsi, il y a un fond de calotinisme dans n'importe quel vieux et authentique blason, jamais de la vie, ces bonnes gens n'accepteraient chose de ce genre. Il leur faut *besace de gueux, majuscules de fantaisie* et *devise boiteuse*, — c'est sans doute plus véridique et plus beau.

Pauvre malheureux faubourg! saccagé, démarqué, dégradé par les modernes Philistins, il ne lui manquait plus, pour comble d'infortune, que d'être armorié par des Prudhommes typiques aussi intelligents que savants et modestes.

Et cependant, seul parmi les localités qui constituaient la *cuve* (1) de Bruxelles, il eut l'honneur d'être la résidence d'été des Ducs-Souverains de Flandre et du Brabant.

Franchement, il méritait plus d'égards !

IV

Quoi qu'il en soit, Saint-Josse-ten-Noode s'est modifié du tout au tout, a perdu complètement son caractère et sa physionomie et ne garde plus un vestige de son aristocratique passé.

Nous nous trompons: outre la tourelle de la Brasserie des Deux Tours *(Brasserie Van den Perre)* — dernier reste renouvelé du castel de Philippe le Bon — la famille Stevens

---

(1) La Ville de Bruxelles exerçait une certaine juridiction sur sa banlieue, qui se composait, comme nous l'avons dit plus haut, de Saint-Josse-ten-Noode, Ixelles, Saint-Gilles, Forest, Anderlecht, Molenbeek-Saint-Jean, Laeken et Schaerbeek. Ces localités ne faisaient pas partie du territoire de Bruxelles, mais, sous le patronage de la Ville, jouissaient du droit de bourgeoisie et des franchises attachées à ce droit. En retour, Bruxelles avait le droit de percevoir certaines taxes sur les dites localités, et diverses Chartes ducales l'avaient autorisé à y lever l'accise sur les brassins de bière. De là, la dénomination de *cuype* — cuve — pour désigner la banlieue.

possède encore un débris remarquable — et sans doute le plus ancien — de ce vieil Sint-Joos-ten-Woude, ce *Sanctus Judocus in Eremo,* si sauvage au viie siècle, si prospère et si élégant au xvie.

En 1862, il existait encore rue du Curé (de Saint-Josse) une vieille ferme qui, dans sa vétusté, conservait une physionomie particulière. Adossée à la Maelbeek — sur laquelle elle avait un pont de pierre qui lui donnait accès à la rue — elle constituait une des dernières dépendances du château des Croy. Le terrain que ce château occupait dans le principe était assez vaste et embrassait l'espace compris entre l'église de Saint-Josse, les maisons de la chaussée de Louvain, la rue du Lait-Battu, le chemin de ronde hors des murs, la rue de la Procession (Saint-Alphonse) et la rue du Curé.

Quand la dame Élisabeth Van Erps, veuve d'Adrien Stevens, l'acheta en 1805 et en 1818, il contenait encore cinq journaux et quarante-trois verges *(vijf dachwanden en drij en veertich roeden)* ou un hectare vingt-trois ares soixante-trois centiares.

Les rues Charles VI *(rue Neuve)*, de Bériot *(rue du Petit-Village)*, de Saxe-Cobourg et de la Commune ont été tracées et créées sur ce terrain, reste de l'enclos du Château des Croy; et les deux dernières rues — c'est-à-dire celles de la Commune et de Saxe-Cobourg — ont été entièrement emprises sur la portion qui devint la propriété de la Dame veuve Stevens.

V

Certes, depuis la construction du château des Croy, les lieux, les rues, les habitations se sont modifiés et ne ressemblent plus du tout à ce qu'ils étaient alors.

La Féodalité, ce système de décentralisation aristocratique, a fait place à la Commune, cette forme de décentralisation démocratique, et l'activité de la vie moderne a utilisé les vastes espaces où l'aristocratie promenait ses loisirs, son orgueil et ses grandeurs.

Puis sont venus les troubles, les séditions, les guerres, les épidémies, des calamités de toutes sortes, des maux de toutes espèces, et peu à peu ont disparu les restes d'un passé curieux à plus d'un titre.

Que devint, par exemple, Saint-Josse-ten-Woude pendant l'occupation française et le bombardement de Bruxelles par le Maréchal de Villeroy, en ces journées néfastes des 13, 14 et 15 Août 1695? Que devint-il surtout lors de l'attaque dirigée sur Bruxelles, du 10 au 15 Février 1746, par le Maréchal de Saxe, attaque organisée non plus du côté de Scheut, comme en 1695, mais du côté de Laeken et de Schaerbeek?

Le malheureux faubourg, ouvert de tous côtés, eut à subir, sans doute, des incursions et des exactions de toutes sortes, et les propriétés furent, probablement, encore moins respectées que les personnes. Et la villa des Croy, qui, en 1695 et 1746, n'appartenait déjà plus à ces grands seigneurs — dont le nom et l'influence pouvaient défendre leurs domaines, même de loin — la villa des Croy a dû subir le sort commun des habitations, ses voisines. Elle a sans doute été saccagée, ruinée, dévastée, ne gardant plus que sa partie la moins importante, la moins luxueuse, d'où il y avait le moins à soustraire et à emporter et qui, par la suite, devint une ferme, un cottage, un établissement d'exploitation rurale.

En 1580 — quelques mois après la Pacification de Gand

— les Gueux et Calvinistes saccagèrent la chapelle de Saint-Josse et la détruisirent de fond en comble, ainsi que la demeure du Recteur. La chapelle ne fut réédifiée que vingt ans après.

Charles de Croy, duc d'Aerschot, profitant des délimitations nouvelles qui se présentaient, voulut quelque peu agrandir son parc et, en 1602, acheta du chapitre de Sainte-Gudule le terrain sur lequel s'élevait la maison du Recteur.

S'il voulut donner plus d'étendue à son domaine des champs — qui ne se trouvait qu'à vingt minutes de son palais de la Place des Bailles — c'est que, sans doute, il entendait lui accorder plus de valeur et d'importance et qu'il ne paraissait pas être prêt à s'en dessaisir.

Et cependant ce domaine ne devait plus longtemps faire partie du patrimoine des Croy. Il fut morcelé dès le xviie siècle et peu de temps après l'agrandissement que le duc Charles lui avait donné.

VI

Le château des Croy, à Saint-Josse-ten-Noode, fut cédé en 1663 à la Dame Anne-Marie de Ryswyck, femme de Charles de Dongelberghe, Seigneur de Zillebeek. Il passa ensuite aux Comtes d'Erps, de la famille de Boisschot (1), comme Van Gestel, du reste, l'indique dans son histoire.

Or, dans un vieil acte, en date du 8 May 1717, passé devant Jean Van Velde, Notaire public, admis au Souverain Conseil du Brabant, résidant à Bruxelles, il est fait mention

---

(1) Alph. Wouters. Ouvr. cité infra, p. 31.

d'un capital de rente de 1,100 florins de change, constitué pour moitié par les enfants de feu Henri de Roy, Maître maraîcher *(Meester Brouckois)* à Saint-Gilles, Obbrussel, et de défunte Marie van der Cammen, sa première conjointe ; et pour l'autre moitié par Barbara van Muylder, sa deuxième conjointe, et ce en suite d'une vente faite, le 25 Octobre 1700, par-devant le Notaire G. de Smedt, par la dame Ve Anthonette-Marie Abselons, Baronne de Rocqueny, " d'un cottage avec habitation, granges, écuries et autres dépendances, situé à Saint-Josse-ten-Noode, contre le moulin dit Capsmolen „. *Sekeren hunnen brouckhoishoff* (1) *mette huysingen, schueren, stallingen, ende andere edifitiën daerop staende, gestaen ende gelegen tot Sint-Joos-ten-Noode, tegens den Capsmolen* (2).

C'était la partie nord du château des Croy, qui longeait la rue de la Procession, au coin de cette dite rue, et de la rue du Curé. C'était un petit cottage qui servait probablement jadis d'habitation au jardinier du château et occupé en dernier lieu par la Dame Ve Anne Cruybeke, dite *Moer Anne*, cultivatrice.

Une partie de la propriété des Croy avait donc passé déjà, en un laps de temps de trente-sept ans, — 1663 à 1700, — entre les mains du Sire de Zillebeek, puis entre celles du Comte d'Erps, puis encore entre celles de la Baronne de Rocqueny, puis enfin entre celles plus démocratiques du Maître maraîcher Henri de Roy.

---

(1) Brouckhoishoff, ou *Hof van het broek huis*, c'est-à-dire : courtil — du vieux mot *corti* — ou jardin de métairie, où l'on s'occupait de culture maraîchère.

(2) Ce moulin, au xiiie siècle, vers 1260, avait appartenu à un certain *Hendrick Derencapper*, d'où, par contraction, le nom de *Caps molen*, moulin de Capper ou, par abréviation, de Cap.

Trente-sept ans! ce n'était certes pas là un *longi ævi spatium* et, pour l'époque surtout — où les immeubles restaient longtemps dans le domaine d'une même famille — cela constituait de rapides et multiples mutations.

VII

Par acte du 11 Février 1722, passé devant les deux Échevins de la Ville de Bruxelles, Chevalier Charles-Ignace de Visschere, Seigneur de Wandenbroeck, etc., et Chevalier Louis-Joseph van Steenlant, Seigneur de Bergh, Lillo, etc., et contresigné par G. D. Van Veen, Secrétaire de la dite Ville de Bruxelles, le sieur Jean-Henri Rasch, au nom de Pierre Nica, Maître maraîcher à Saint-Gilles, Obbrussel *(Meester Brouckois tot Sint-Gillis t'Obbrussele)*, et de Catherine Crockaert, a reçu des mains du Trésorier de la Ville, sieur Egide Van der Wauwen, pour en faire remploi, une somme de 333 florins 9 sous et demi, argent de change, consignés par M. le Conseiller et Fiscal Mac Neny, en tant qu'acheteur d'un certain cottage situé à Saint-Joos-ten-Noode, en face du moulin dit Capsmolen. *(Sekeren Brouckois hoff gelegen tot Sint-Joos-ten-Noode tegen over de Caps molen.)*

VIII

Par acte du 24 Mars 1722, passé par-devant le Notaire G. Van Borcht, résidant à Bruxelles, le dit Chevalier Patrice Mac Neny, Conseiller et Fiscal des Domaines et Finances de Sa Majesté *(Joncker Patricius Mac Neny, Raedt ende Fiscael van syne Ma^{ts} Domeynen ende Finantiën)* (1), fut déclaré dernier enchérisseur pour la somme de 2,204 florins, argent de change, y compris les deux tiers de cent cinquante-deux enchères mises pour l'adjudication et la combustion des bougies *(voor de somme van twee duysent twee hondert ende vier guldens wisselgeldt daer inne begrepen twee derde deelen van hondert ende twee en vyfftich hoogen gestelt voor het bannen ende branden van de keersse)*, du prédit bien situé à Saint-Josse-ten-Noode près du Capsmolen.

Ce bien provenait par succession de feu Henri de Roy et de Barbe van Muylder, qui l'avaient hérité de leurs parents et aïeuls, lesquels l'avaient obtenu par dénomination de la Dame Douairière Baronne de Ridderwyck, qui avait fait évincer le dit bien en la Chambre de l'Amman, le 25 Octobre 1700 *(die de voors. goeden hadden vercreghen by denominatie van de vrouwe Douuariere Baronnesse de Ridderwyck die de selue goeden hadde doen evinceren in des heeren Amptmans camere, volgens den brieue daer van synde gepasseert voor heeren schepenen deser stadt op den seuentwintichsten October*

---

(1) Ce *Joncker Patricius Mac Neny, Raedt ende Fiscael van syne Majesteits Domeynen ende Finantiën*, était, dans son temps, un haut et puissant personnage. De famille irlandaise réfugiée en Belgique après l'expulsion des Stuart (1688), il naquit à Bruxelles vers 1696 ou 1697 et devint tour à tour Secrétaire du Conseil d'Etat, Secrétaire, Membre et Président du Conseil privé, Membre du Conseil suprême des Pays-Bas, dont le siège était à Vienne, Commissaire pour l'exécution du Traité d'Aix-la-Chapelle (1748), Trésorier général des Finances et Conseiller intime de Marie-Thérèse. Celle-ci en faisait le plus grand cas et lui donna, avec le titre de Comte, la charge enviée de Chancelier de la Toison d'Or, — ce qui était contraire aux Ordonnances, attendu que le Chancelier devait être " *prélat*, Archevêque, Évêque ou dignitaire notable en Cathédrale ou Collégiale „. Après la mort de l'Impératrice (1780), le Comte Patrice Mac Neny se retira des affaires et mourut paisiblement à Bruxelles en 1784. Il avait épousé une fille du Comte Godwin de Wynants, dont il édita les *Supremæ Curiæ Brabantiæ decisiones recentiores*, et laissa des *Mémoires historiques et politiques* fort intéressants. Dans l'acte dont nous parlons supra, son nom est orthographié " Neuy „ et non Neny.

duysent seuen hondert onderteekent J. van Dycke, ende geannoteert den dertichsten ditto daernaer onderteekent J. Verheyleweghe).

Dans l'acte du 8 May 1717, passé devant le Notaire Jean Van Velde, où il est fait mention de l'acte du 25 Octobre 1700, la Douairière Baronne de Ridderwyck est désignée sous le nom de Dame Ve Anthonette-Marie Abselons, Baronne de *Rocqueny*.

Nous laissons à d'autres le soin d'élucider si la Baronne de Rocqueny était aussi Baronne de Ridderwyck (1) ou si Ridderwyck est le nom de son défunt mari et Rocqueny son nom de famille à elle. En tous cas, nous croyons que Baronne de Rocqueny et Baronne de Ridderwyck sont une seule et même personne, et que le bien dont s'agit lui était échu à la suite d'une éviction, exercée sans doute contre les Henri de Roy et ayants droit en retard de payer leur rente.

L'acte du 24 Mars 1722 était passé, comme nous l'avons dit plus haut, devant Me G. Van Borcht et les témoins François Herckmans et Pierre de Vryter, lesquels, avec la famille et les comparants, avaient loué et approuvé la chose et déclaré qu'il valait mieux la faire que de s'en abstenir, attendu qu'elle s'était réalisée au mieux des convenances et du profit des contractants *(allen t' ghene voors. hebben gelaudeert ende geapprobeert ende verclaert beter te syn gedaen dan gelaeten als wesende tot hunnen meesten oirboir* (2) *ende prouffyte).*

Par un acte de partage passé le 12 May 1776 " devant le

---

(1) *Ridderwyck* signifie : Quartier du Chevalier : *Vicus equitis*. C'était probablement — si ce nom n'est pas celui de son mari — le nom d'une terre que la Dame Marie Abselons détenait non pas en fief, mais comme bien propre, dont elle pouvait prendre le titre.

(2) *Oorbuar, oorbaarheid*, utile, utilité.

Notaire Nuwens et Tesmoins „, le bien dont s'agit échut à la Dame Catherine Mac Neny, Femme de Messire Ignace De Muller, Conseiller aulique actuel de guerre de Sa Majesté.

IX

Par lettres en date du 3 Mai 1779, délivrées par le Chevalier Pierre Melchior de Doesingem et Jean Léopold Joseph de Man, Licencié en droit, tous deux Échevins de la Ville de Bruxelles, qui ont appendu leurs sceaux aux dites lettres, il est porté à la connaissance de tous — *condt zy allen* — que la Dame Catherine Mac Neny, assistée de son mari, Messire Ignace de Muller, Conseiller aulique de guerre de Sa Majesté, a cédé et transporté, moyennant une somme de 2,445 florins, argent de change, au profit du Sieur Englebert van Zeune et de Dame Marie-Antoinette-Josepha Marcq, sa conjointe : une métairie avec habitation, grange, écuries, grande porte à la rue, jardin potager et dépendances, tels et comme ils se trouvent situés hors de la Porte de Louvain à Saint-Josse-ten-Noode, non loin du Capsmolen, touchant d'un côté et par un mur à la Maelbeek, d'un deuxième par un mur au chemin du moulin, d'un troisième par une haie au jardin appartenant à Guillaume Hinnebeen et d'un quatrième, partie par un mur partie par une haie, au jardin tenu en location par le dit Hinnebeen (1).

(1) " Eene hofstadt met de huysingen, schuere, stallingen, groote poorte ter straete, brouckois hoff ende syne toebehoorten, soo ende gelyk deselve gestaen ende gelegen syn buyten de Lovensche poorte onder Sᵗ-Joos-ten-Noode, by den Capsmolen, comende metter eene zeyde met eenen muer tegen de Maelbeke, ter tweede met eenen muer aen den molenwegh, ter derdere met eene haege tegen den hof toebehoorende Guilliam Hinnebeen, ende ter vierdere zyde tegens

Ces lettres étaient contresignées Winand De Fraye, Licencié en droit, Secrétaire de la Ville de Bruxelles.

Cet acte est fort clair, et cependant, il y a là un passage obscur dont nous ne sortons guère à notre contentement. Nous ne nous rendons pas bien compte de ce que pouvait être ce Molenweg *(Chemin du Moulin)*, dont le bien des Croy était riverain... par un mur ? Ce ne pouvait être la rue du Curé, que — à cause du Capsmolen qui y clapotait joyeusement — on appelait parfois *de molenweg;* ce chemin se trouvait sur la rive droite, le château sur la rive gauche, et ils étaient séparés non par un mur, mais par le ruisseau lui-même. Était-ce, peut-être, ce chemin qui, venant de la rue de la Procession, suivait la rive gauche de la Maelbeek et se rendait au Dedonckers molen ?

En effet, ce chemin longeait la rive gauche du ruisseau, voûté un peu plus loin que le bief du Capsmolen. A hauteur de la métairie Wets, — presque en face du très vieux bâtiment, qui, en contre-bas et sur l'emplacement de la rue de Liedekerke actuelle, constituait la ferme des Cornelis, — ce chemin repassait sur la rive droite, côtoyait cette rive et en arrivait au bief du Dedonckers molen, où il y avait un pont dans l'axe de la rue du Moulin. Mais ce chemin, que l'on pouvait également nommer *Molenweg*, se trouvait en face du château des Croy et ne le limitait nullement. Les limites du dit château étaient, comme nous l'avons dit plus haut : la rue du Curé avec le bief du Capsmolen, la rangée de bâtiments et d'habitations de la chaussée de Louvain et de la rue du Lait-Battu, le glacis des fossés de la Ville et la rue de la Procession, soit une superficie

---

den anderen hof in huer gehouden by den zelven Hinnebeen, ende van daer gesepareert ten deele met eenen muer, ende ten deele met eene haege. „

de deux ou trois hectares *salvo justo,* comme disaient les tabellions de jadis.

Du reste, il n'est pas toujours facile de se retracer la topographie passée d'une localité donnée, et la génération actuelle ne peut se rendre compte des modifications et changements survenus, en un temps relativement court, non seulement aux extrémités du vieux Sint-Joost-ten-Woude, mais au centre même de l'agglomération, où, d'ordinaire, l'immuabilité de physionomie est plus tenace et plus durable.

Qu'on se figure un instant l'aspect et le mouvement du noyau même de l'importante commune suburbaine, il y a trente-cinq à quarante ans.

Les octrois fonctionnaient avec l'acharnement qui caractérise la sottise et l'abus; un fossé à pic — au fond duquel rampait un mur épais et haut, réceptacle d'immondices et de détritus de toutes sortes — entourait toute la ville. L'étang de Saint-Josse avait une superficie double — triple peut-être — de sa superficie actuelle. Sa décharge ordinaire était la Maelbeek; sa décharge extraordinaire, celle par laquelle on le pouvait recurer jusqu'au fond, était la *Koningsbeek*, qui, en contre-bas de l'amont de la Maelbeek, traversait sous une voûte la chaussée de Louvain, formait étang dans la rue de Liedekerke actuelle et allait rejoindre la Maelbeek en aval, quelque part aux environs de Donckers molen.

Il n'existait ni rue Verbiest, ni rue Willems, ni place Saint-Josse, ni rue De Bruyn (c'était une impasse), ni rue des Deux-Tours (c'était un chemin appelé Four à Chaux), ni rue Braemt, ni rue de Liedekerke, ni place des Milices, ni rue Vonck, ni rue Verboeckhaven, ni rue du Cadran, ni rue du

Le Dedonckers Molen (Rue des Coteaux en 1800). D'après un dessin de Vitzthumb.

Chalet, ni rue Van Bemmel, ni rue Marie-Thérèse, ni rue du Soleil, du moins à l'emplacement qu'elle occupe aujourd'hui.

La rue Traversière débouchait et s'arrêtait rue de la Limite; la place Houwaert — d'abord place Willems — était une blanchisserie; la rue des Moissons, entre haies et bosquets, était la continuation de la rue de la Procession; la rue des Coteaux n'était qu'un sentier longeant la rive droite de la Maelbeek et le bief du Dedonckers molen, pour aboutir à la blanchisserie dite *de la Consolation* : en 1855, elle avait encore à peu près la physionomie que lui donne le dessin de Vitzthumb, fait en 1800; et le hideux abattoir de Saint-Josse — qui se trouve aujourd'hui au beau milieu d'une population dense et serrée — le hideux abattoir de Saint-Josse s'élevait en pleins jardins, en pleine terre maraîchère. Il occupe tout l'emplacement du cottage du vieil Herdies, dont, dans le dessin de Vitzthumb, on voit la maison fleurie en face du moulin de Dedoncker. C'est dans cette maison qu'en 1855 ou 1856 on fêta copieusement et cordialement le centenaire de son brave vieux occupant.

Que de changements! que de bouleversements! quelle différence d'aspect! Et il n'y a pas quarante ans : trente-six ans à peine !

X

Grâce aux quelques pièces de famille que nous possédons, nous avons pu suivre, pas à pas, les mutations que la partie nord du domaine des Croy, à Sint-Joost-ten-Woude, a subies pendant plus d'un siècle : de 1663 à 1779.

Mais qu'était devenue la partie sud, de beaucoup la plus considérable? celle qui se trouvait derrière la chapelle de

Saint-Josse, où se dressaient et le château lui-même, et la vieille ferme des Stevens, ce dernier reste d'un bien des Seigneurs d'Araines?

C'est ce qu'il importe également de rechercher, et c'est ce que nous allons tâcher de faire.

XI

Par acte du 10 Avril 1739, — passé devant Mᵉ Pierre-André De Hulder, Notaire public admis par le Conseil souverain de Sa Majesté en Brabant, résidant à Bruxelles, — les héritiers de feue Dame Claire-Marguerite de Paffenrode, Veuve de Messire Jean-Baptiste De Leeu, ont fait partage de la succession de leur aïeule ; et échoit à Messire François-Charles-Joseph De Leeu, fils de François-Melchior De Leeu, en son vivant Licentié ès Loix et Doyen du Serment des Drappiers :

1° La moitié d'une rente, etc.

" Item, une maison avec grange écurie et le jardin potager y attenant, située hors de La porte de Louvain, derrière L'Église de Saint-Josse-ten-noode, contenant trois journaux quarante-trois verges salvo justo, aboutissant d'un côté au long du ruisseau dit Maelbeke, du deuxième au jardin tenu en Bail par la Veuve François De Meulder, acquise par la dite Dame Claire-Marguerite de Paffenrode, par achat faite à la Chambre de l'Amman en cette ville, le 28 Décembre 1734, selon les lettres en étant passées par-devant Les Échevins de cette ville de Bruxelles, en date du 3 janvier 1736, signées Degreve, tenue en location par Adrien Stevens pour 150 florins annuellement (1). „

(1) Cet Adrien Stevens était le père de Jacques. Jacques épousa Anne Van der

Cet acte du 10 Avril 1739 est, relativement à la partie sud du domaine, le plus vieux que nous possédions, et nous n'avons pu découvrir par quelles mains cette partie du bien des Croy a passé de 1663 à 1734, c'est-à-dire pendant septante et un ans.

Il est plus que probable qu'il resta dans le patrimoine de la famille de Boisschot et que la Dame de Paffenrode l'acquit en la Chambre de l'Amman par suite et pour cause de partage entre mineurs.

XII

Par acte du 29 Ventôse an xiii (20 Mars 1805) et par-devant Me Jean-François Van Campenhout, Notaire public admis au Département de la Dyle, de résidence en la Ville de Bruxelles, la Dame Élisabeth Van Erps, Veuve de

Sanden et en eut quatre garçons : Adrien, Pierre-Albert, Christiaen et Henri, et deux filles : Johanna, épouse Antoine Allaert, et Marie, épouse de Henri Moemans ou Moermans. (Voir acte de partage passé, le 17 décembre 1787, devant le Notaire Pierre Neuwens.)

Adrien Stevens, fils de Jacques et de Anne Van der Sanden, épousa Élisabeth Van Erps, qui lui donna sept fils : Albert, Corneille, Adrien, François, Pierre, Jean, Joseph, et une fille : Marie, dame Van den Kerkhove. Adrien, fils d'Adrien et d'Élisabeth Van Erps, mourut à 9 ans, le 18 Floréal an xiii (8 Mai 1805). Adrien, fils de Jacques et de Anne Van der Sanden, époux de Élisabeth Van Erps, mourut âgé de 62 ans, le 4 Thermidor an xii (23 Juillet 1804). Les témoins à l'acte de décès du dit Adrien Stevens, fils de Jacques et de Anne Van der Sanden, furent Henri Stevens et Adrien Stevens, " qui ont déclaré être les frères du défunt „. Il y avait donc dans la même famille, du même père Jacques et de la même mère Anne Van der Sanden, deux frères qui portaient chacun le même nom " Adrien „. C'est assez bizarre. A moins que les témoins déclarants ne se soient trompés et que le témoin Adrien ne soit qu'un cousin. L'acte de partage du 17 Décembre 1787 ne renseigne qu'un Adrien parmi les frères Stevens, fils de Jacques et de la dite Dame Anne Van der Sanden.

Adrien Stevens, acheta de M. François-Charles-Joseph De Leu de Moorsel, propriétaire, rue du Pont-Neuf, n° 328, au dit Bruxelles, petit-fils de la Dame Claire-Marguerite van Paffenrode, et ce moyennant une somme de 8,465 francs (4,000 florins de change), le bien que le grand-père d'Adrien Stevens, mari défunt de la dite Dame Van Erps, tenait en location déjà en 1734, c'est-à-dire septante ans auparavant (1). Ce bien, situé à Saint-Josse-ten-Noode, hors de La Porte de Louvain, derrière l'Église de Saint-Josse, avait une contenance de septante-huit ares neuf centiares, ou trois journaux quarante-trois verges salvo justo.

XIII

Le 8 Mai 1818, par-devant M⁰ Pierre-Joseph Van Bevere et son collègue, Jean-Louis-Daniel Bourdin, Notaires royaux résidant à Bruxelles, la Dame Élisabeth Van Erps, Veuve d'Adrien Stevens, acheta de la Dame Adrienne Van Zeune, épouse de M. Jean-Joseph-Xavier Bidauld (2), peintre en paysage à Paris, et ce moyennant une somme de 5,000 francs, " certain héritage, avec la maison, grange, écurie et jardin légumier planté d'arbres fruitiers, situé en la commune de Saint-Josse-ten-Noode, près du moulin dit

---

(1) Voir paragraphe précédent. — Dans cet acte du 29 Ventôse an xiii, le nom de la Dame Van Erps est mal orthographié; il est écrit : VAN HERPS, ce qui est une erreur.

(2) Jean-Joseph-Xavier Bidauld, né en 1758 † 1846, était un artiste de mérite. Il obtint la médaille d'or au Salon de Paris, en 1812, devint Membre de l'Institut et fut Chevalier de la Légion d'honneur. Plusieurs de ses tableaux sont au Luxembourg. Un magnifique paysage de lui se trouve à la Galerie du Prince de Leuchtenberg (Eugène de Beauharnais). Voir *Galerie du Prince de Leuchtenberg*, par J.-N. MUXEL. Munich, Joseph A. Finsterlin, éditeur, 1841.

Capsmolen, contenant quarante-cinq ares, cinquante-quatre centiares, ou deux journaux, ancienne mesure locale, aboutissant du premier, par un mur, au coulant du moulin, du deuxième, par un mur, au chemin du moulin, du troisième, par une haye, au légumier de Guillaume Hennebier *(sic)*, et du quatrième à l'acquereure *(sic)* „.

Ce bien provenait de Ange (Englebert) Van Zeune et de Marie-Antoinette-Joseph Marcq, conjoints, qui l'avaient acquis, le 3 Mai 1779, de la Dame Catherine Mac Neny, épouse de Messire Ignace de Muller.

XIV

En 1818, le bien des Croy, dont Guillaume Hinnebeen avait aussi possédé un fragment, était donc, pour la plus grande partie, entre les mains de la Dame Élisabeth Van Erps, Veuve d'Adrien Stevens, fils de Jacques et de Anne Van der Sanden.

La Dame Van Erps était une humble cultivatrice, une plébéienne de mœurs et de race, qui avait peiné dans les durs sillons de la glèbe; et, par une singulière coïncidence, le bien dont il s'agit, qui avait appartenu aux Croy, aux d'Aerschot, aux Seigneurs de Zillebeeck, aux Comtes d'Erps, aux Mac Neny, aux Van Zeune et aux Paffenrode, se trouvait aux mains d'une simple villageoise, qui portait le même nom qu'un de ses aristocratiques prédécesseurs : le nom de Van Erps.

Vingt ans après, en 1838, on traça sur le bien acquis par la Dame Stevens les deux rues de Saxe-Cobourg et de la Régence (de la Commune), et les lots nécessaires aux constructions furent répartis d'après un plan d'ensemble dressé par M. Van Keerberghen père, Géomètre juré ; le dit plan annexé à la minute d'un acte passé devant le Notaire Gheude, de Bruxelles, le 7 Juin de la dite année 1838.

C'est en suite de ce plan que la Dame Stevens, par acte passé, le 31 Juillet 1839, devant Mᵉ Dominique Vaerman, Notaire à Molenbeek-Saint-Jean, vendit entre autres à Jean-Joseph de Brigode (1), menuisier, André-Joseph Artillon, maître maçon, et son épouse, Dame Amélie de Brigode, un terrain d'un are neuf centiares, formant le coin nord-est de la rue Saxe-Cobourg et de la rue Saint-Alphonse (2).

XV

Il n'y a donc pas de doute possible : la ferme de la famille Stevens était un reste authentique et original du château des Croy.

Mais était-ce bien un château? Et, si c'en est un, par qui et quand fut-il construit?

Alph. Wauters dit que le château fut élevé par Charles de Croy (3). Or, quel était ce Charles? Et à propos de quoi serait-il venu s'installer à Saint-Josse-ten-Noode? Il y a plusieurs Charles, branche aînée ou cadette, dans la famille de Croy, les uns illustres, les autres plus humbles ; mais

---

(1) Ce simple menuisier était-il de la famille des de Brigode de Kemlandt?

(2) Tous ces actes authentiques cités supra sont en la possession de M. Louis Stevens, propriétaire à Saint-Josse-ten-Noode, notre cher cousin, à qui nous adressons encore ici tous nos remerciements pour sa courtoise communication.

(3) *Histoire des environs de Bruxelles.* Bruxelles. Ed. Vanderauwera, 1855. Tome III, p. 31.

nous avons beau tourner et retourner les documents, nous ne savons à quel Charles peut s'appliquer ce fait.

Ce ne peut être, par exemple, ce puissant Seigneur, Charles de Croy, fils de Philippe et de Walburge de Moeurs, Chevalier de la Toison d'Or, premier Prince de Chimay, favori de l'Empereur Maximilien, parrain de son petit-fils et ambassadeur du dit petit-fils, Charles-Quint? Il était de branche cadette, ne portait pas les Armes pleines et n'avait pas le droit de les accoster des Ruches et Mouches à miel, emblèmes des Chefs de Maison. Notre document lapidaire, qui caractérise la construction du château de Saint-Josse-ten-Woude ou ter-Hoye, ne peut donc lui être appliqué.

Ce ne peut être non plus Charles de Croy, fils de Philippe et de Jeanne de Halewyn, qui fut Duc d'Aerschot et, comme son cousin, Prince de Chimay et Chevalier de la Toison d'Or? S'il fut Chef de Maison et s'il eut le droit de porter les Armes pleines et accostées des emblèmes de la primogéniture, il naquit en 1560. Or, le château des Croy, à Saint-Josse-ten-Noode, figure au plan de Jacques de Deventer, qui date de 1550 et qui est le plus vieux plan connu de Bruxelles et de partie de sa *cuve*. Il est donc clair que ce château est antérieur à la naissance du fils de Jeanne de Halewyn et que ce n'est pas ce dit fils qui l'a fait construire.

Et ce devait être un château, une demeure élégante, un domaine étendu, un séjour digne du grand Seigneur qui l'avait fait élever et qui, souvent, venait y tenir villégiature.

En effet, que dit, entre autres, Van Gestel?

XVI

" Suit le faubourg de Saint-Josse (vulgairement Sint-Joos-ter-Hoye), situé hors de la Porte de Louvain et qui emprunte son nom à l'oratoire de ce Saint, où il est invoqué par les fréquentes prières des pèlerins; (faubourg) où s'élevaient autrefois quelques magnifiques édifices princiers et, en première ligne, — aujourd'hui domaine du Comte d'Erps, — ceux que les Ducs d'Aerschot avaient fait construire avec grand apparat, remarquables par leurs fontaines, leurs piscines et tout ce qui pouvait exciter au plaisir; mais, depuis, tout cela a perdu de sa splendeur. Le dit oratoire et le dit lieu relèvent du Chapitre et du Pleban de Sainte-Gudule (1). „

Et Van Gestel est bien dans le vrai. A l'époque où il écrivait (1725), il pouvait dire, sans hésiter, en parlant des constructions aristocratiques de Saint-Josse-ten-Noode : *de suo splendore deperdidit.* Au xviiie siècle, le vieux faubourg n'était plus ce qu'il était au xve et au xvie, et les demeures seigneuriales avaient singulièrement perdu de leur importance. La maison des Marnix périclitait; la retraite de Perrenot menaçait ruine; le palais des Ducs de Bourgogne

---

(1) " Succedit suburbanum a S. Judoco (vulgo Sint-Joos-ter-Hoye) ejus in ibi sacellum frequentibus peregrinorum votis peti solitum nomen servans, situm extra portam Lovaniensem, ubi magnificæ principum aliquot, et imprimis quæ quondam Arscotani Duces ædes fuere, nunc Comitis Erpsiæ, fontibus, piscinis, omni quod ad voluptatem facere posset olim instructæ apparatu; sed dein de suo splendore deperdidit. Hoc sacellum et locus subest Capitulo et Plebano D^æ Gudulæ. „

Historia sacra et profana Archiepiscopatus Mechliniensis, &^{a.} CORNELII VAN GESTEL, Pastoris in Westrem Comitatus Alostani, cum figuris æneis. Hagæ Comitum, apud Christianum van Lom, Bibliopolam. MDCCXXV. Tom. II, folio 50.

avait dû subir des démolitions désastreuses et des reconstructions plus désastreuses encore, et, quant au domaine des Croy, il n'était plus que l'ombre de lui-même.

Et de fait, ni les Délices des Pays-Bas (1), ni les Castella et prætoria Nobilium Brabantiæ de Jacques Le Roy, Sire de Saint-Lambert (2), ni la Traduction flamande de l'ouvrage du dit Sire de Saint-Lambert (3), alors qu'ils renseignent des châteaux et des terres de beaucoup moindre importance, non seulement ne donnent pas le dessin du domaine des Croy à Saint-Josse-ten-Noode, mais encore n'en font pas même la moindre mention.

XVII

Et cependant, avant son morcellement et son aliénation au xviie siècle, ce devait être un domaine important et considérable. D'abord, Van Gestel le renseigne comme tel; ensuite, la carte de Jacques de Deventer (4) le mentionne; enfin — et le magnifique débris héraldique que nous possédons le prouve — un grand et illustre Seigneur, comme un Croy, ne se serait pas contenté d'une masure sans style ni élégance.

(1) Bruxelles, F. Foppens, MDCCXX. 4 vol. in-12.
(2) Antwerpiæ. ex Typographia Henrici Thieullier, ad fossam Minorum, sub signo Gallinæ albæ. Anno MDCLXXXXVI, un vol. in-folio.
(3) Groot wereld Tooneel des Hertogdoms van Braband, enz., 's Gravenhaage. Ch. Van Loo. MDCCXXX, 1 vol. in-folio.
(4) Jacques de Deventer *(Jacobus a Daventria)* était non seulement un géomètre habile — à qui nous devons ce superbe plan de Bruxelles de 1550 — mais encore c'était un géographe expérimenté. Le *Theatrum Orbis terrarum* d'Abraham Ortelius (1569) contient les cartes de la Zélande, de la Hollande et de la Frise que le dit Jacques a dressées et dessinées à la date de 1568 : — ce ne sont pas les moins intéressantes de cette intéressante collection.

Ce devait donc être une riche et princière demeure, élevée non sans motif sérieux par un des membres influents de l'aristocratie du temps.

Quel pouvait bien être ce motif? Et quel pouvait bien être le membre de la Maison de Croy qui s'est avisé de venir faire acte de bâtisseur dans ce petit village de la banlieue de Bruxelles du nom de Saint-Josse-ten-Woude ?

Les Croy avaient des biens de tous côtés et des châteaux partout. Ils avaient leur terre d'origine : Araines ; les terres de Renty, de Beaumont, de Porcean, d'Aerschot, de Chimay, d'Heverlé, de Rœulx, de Sempy, etc. A propos de quoi seraient-ils venus s'installer à Saint-Josse-ten-Noode ?

Nous ne trouvons qu'un motif, et le voici.

Philippe le Bon, le Sire Duc de Bourgogne, avait trouvé le site de Saint-Josse-ten-Noode à son goût, et au nord de l'étang, sur le versant de la crête de la chaussée de Louvain, non loin des Deux Tilleuls — ces *Twee Linden*, où, en venant de Tervueren, s'arrêtaient, le jour de leur Joyeuse Entrée, les Ducs de Brabant, — il avait fait élever une splendide demeure d'été. Il y venait dîner, prendre des bains, y coucher parfois, y festoyer souvent, et maintes fois y recevait joyeuse et élégante compagnie (1).

Son ami le plus intime, le premier de son conseil, celui qu'il traitait de *cousin*, qui tint son fils Charles sur les fonts baptismaux et qui passa au cou de son filleul au berceau son propre collier de la Toison d'Or, était Anthoine de Croy, fils de Jean, frère de d'Archambault, ces deux derniers morts aux champs d'Azincourt (1415).

Quoi d'étonnant à ce que Anthoine — qui était le

(1) Voir aux Archives du Royaume : *Compte de la Recette générale des Finances de 1464 à 1465.* Chambre des Comptes, n° 1922.

compagnon habituel et le commensal préféré de son seigneur et ami — eut fait élever un château, ou un bien de campagne, proche du palais de celui pour l'affection de qui il avait quitté les honneurs et les avantages de la cour de France?

Sa maison urbaine se trouvait à côté de celle de son seigneur, car, au XVe siècle déjà, l'hôtel des Croy d'Aerschot (1) s'élevait aux Bailles, aux côtés mêmes du palais des Ducs de Bourgogne; pourquoi son castel de campagne aurait-il été éloigné de la retraite d'été de son illustre ami?

XVIII

La vieille ferme, qui avait un certain cachet archaïque, ne présentait pas cependant les caractères d'une demeure seigneuriale.

Au bord de la Maelbeek, et mise ainsi au second plan, elle n'était sans doute qu'une dépendance du château, dont on retrouva les vestiges — sous forme de caves, voûtes, murs, substructions, etc. — quand, en 1838, on perça la rue de la Régence (de la Commune), et elle formait probablement l'habitation du régisseur ou de l'intendant du domaine.

Construite en briques et moellons de Schaerbeek, avec ses pignons élancés, dont un, celui du nord, était flanqué d'un contrefort surmonté d'une touffe vigoureuse de plantes vivaces; avec ses hautes cheminées, sa girouette au centre du toit, la patine dont le temps l'avait revêtue, elle avait néanmoins grande allure et gardait, par-ci par-là, quelques traces d'un aristocratique passé.

(1) La seigneurie d'Aerschot était dans le domaine des Croy dès 1432.

C'est ainsi que, dans la grande salle de l'aile droite du bâtiment, se trouvait une vaste cheminée du xve siècle, qui mérite d'attirer la plus sérieuse attention.

LA VIEILLE FERME DES STEVENS.

C'était une de ces constructions solides et élégantes à la fois, dont Hugo a dit, nous ne savons plus au juste où :

> La haute cheminée, à l'écusson altier,
> Qui dévore en chauffant un arbre tout entier,

car l'écusson s'y trouvait, bariolé de couleurs étranges et balafré de quelques coups de sabre bien appliqués. Ceux-ci provenaient des Sans-Culottes de 93 ; celles-là étaient l'œuvre d'un naïf artiste de village, d'un maître peintre rural, qui s'était ingénié à colorier l'écu en jaune, les supports en noir, les banderoles en rouge, les ruches en brun, le reste vert-pomme, pour autant que nous souvienne.

C'était superbe!

XIX

Mais quand ces armes — qui formaient frise — furent bien nettoyées et débarrassées de la couche épaisse de couleur qui les recouvrait, nous vîmes, avec une joie que tout archéologue comprendra, que c'était un véritable morceau de choix.

Au centre de la frise, un écu ESCARTELÉ : au premier et dernier *fascé d'argent et de gueules de VI pièces;* au deuxième et tiers, *d'argent à III doloires de gueules, deux adossées en chef, une en poincte.*

C'étaient les Armes pleines des Croy et des Renty, nettement taillées dans un beau marbre Joinville, dont la carrière près de Beaumont-sur-Oise — d'après ce que nous a dit un expert marbrier — est épuisée depuis longtemps.

Nous avions devant nous le blason authentique, complet, timbré, accosté, accompagné et aorné d'une des plus illustres Maisons de la noblesse latine, et ce n'est pas sans émotion que nous nous mîmes à l'examiner et à l'étudier.

XX

L'écu, en forme de cartouche, — ce qui indiquerait un travail allemand, — timbré d'une couronne comtale et entouré du collier de la Toison d'Or, a pour supports deux sauvages au naturel, tenant chacun une massue avec banderole.

On lit :

Sur la banderole de dextre, qui flotte à senestre :

ou Iuc

Sur la banderole de senestre, qui flotte à dextre :

soit Croÿ.

Ces Armes sont flanquées, de chaque côté, d'une Ruche, dont les Mouches à miel s'échappent en essaim.

Ne pouvons blasonner les émaux des banderoles, des massues, des ruches et des mouches à miel, qui ne sont pas indiqués. Nous supposons que ces trois dernières figures sont au naturel, comme les supports, et que, selon la règle héraldique, les banderoles sont d'argent ou de gueules, comme le métal et la couleur de l'écu.

Il est vrai que les champs et les émaux de tout notre document héraldique ne sont pas indiqués non plus, et cela seul prouverait son ancienneté. L'indication des émaux par traits en fasce, en pal, en croix, en bande, en barre et en pointillé ne remonte pas au delà du xvie siècle, et l'on peut hardiment en conclure, pensons-nous, que, dans sa nudité archaïque, notre document date tout au moins du xve siècle.

Si nous nous sommes permis de blasonner l'écu simplement *fascé de VI pièces*, comme nous l'avons fait, c'est que le dit écu est ESCARTELÉ avec les Armes de Renty, et que les Croy seuls ont le droit de les porter de cette façon.

Sans doute, il se peut qu'il existe quelque part une Maison qui porte, par exemple : ESCARTELÉ : au premier et dernier *fascé d'or et de sable de VI pièces;* au deuxième et tiers, *d'argent à III doloires d'azur, II adossées en chef, une en poincte;* et, en présence d'un écu dont les émaux ne sont pas indiqués, nous n'avons pas le droit absolu de blasonner comme nous l'avons fait supra § XIX, plutôt que comme ceci.

Mais on doit compter avec les *circum stantes*, avec les tenants et aboutissants; et si le *qui*, le *quando*, l'*ubi*, le *cur*, le *quo modo* ont leur valeur et leur importance en rhétorique, ils n'en ont pas une moindre en histoire, archéologie ou héraldique.

Or, s'il se peut qu'il existe quelque part une Maison qui porte, comme nous disons plus haut : ESCARTELÉ : au premier et dernier *fascé d'or et de sable de VI pièces;* au deuxième et tiers, *d'argent à III doloires d'azur, II adossées en chef, une en poincte,* cette Maison n'est ni celle des Dongelberghe, ni celle des Erps-Boischot, ni celle des Rocqueny, ni celle des Mac Neny, ni celle des Paffenrode, les seules Familles nobiliaires qui, après les Croy, aient possédé leur domaine morcelé de Saint-Josse-ter-Hooye.

Et de fait :

DONGELBERGHE porte :
> *de sable, au lyon d'or armé lampassé de gueules,* qui est de Brabant, *à la cotice de gueules brochant sur le tout.*

ERPS :
> *d'or, à III pals d'azur, au chef de gueules chargé d'une étoile d'or entre II croissants du même.*

BOISCHOT :
> *d'or, à III fers de moulin d'azur.*

ROCQUENY ou ROCQUIGNY :
> *d'argent, à III fers de lance de sable poinctes en bas.*

MAC NENY :
> *de gueules, au chevron d'or chargé de II quintefeuilles tigées de sinople, et accosté de II mains dextres levées et appaumées d'argent.*

PAFFENRODE :
> *de gueules, à II épées d'argent garnies d'or, passées en saultoir, poinctes en bas.*

Aucune de ces Armes ne ressemble, de près ou de loin, aux Armes trouvées dans la grande salle de la vieille ferme des Stevens; celles-ci ne peuvent donc être que le blason des Croy, et — encore que l'indication des émaux fasse défaut — nous croyons être dans le vrai et la réalité en appliquant les dites Armes aux Croy seuls et non à d'autres.

D'ailleurs, ces Armes se trouvaient dans un des domaines des sires d'Araines, et — étant donnés les us, coutumes et obligations de la noblesse — la présence chez eux d'autres Armes que celles de leur Maison, ou celles de leurs successeurs par acquisition, constituerait un fait si étrange et si bizarre, qu'il en deviendrait sinon impossible, au moins absolument improbable.

Or donc, notre document héraldique est d'un beau travail du xve siècle, bien fouillé et ciselé en bas-relief, avec la raideur et la naïveté qui caractérisent la sculpture de cette époque.

L'ensemble a belle ordonnance et un véritable cachet de distinction.

C'est une pièce exquise et rare, digne d'un musée, et qui devrait avoir place ailleurs que dans un modeste salon plébéien.

Mais que signifie la devise et quelle portée peut-elle avoir ?

Ecrite en gothique du xve siècle, elle s'exprime en langage de ce temps et, dans sa forme concise, répond aux fières aspirations d'un preux.

Lucte, luctation, luicter, de *lucta*, étaient employés au dit xve siècle pour lutte, combat, exercitation. Georges Chastelain dit quelque part :

> Rome, la glorieuse,
> Longtemps bransla soubs *luctation* dure (1).

OU LUC SOIT CROY

signifie donc : que là où il y a combat, là aussi doit se trouver Croy. C'est comme s'il y avait :

UBI LUCTA, IBI CROY SIT !

ce qui certes, est le cri d'un cœur vaillant et d'un fidèle soldat.

---

(1) *Mort du Roy Charles VII*. Tome IV, p. 447.

Evidemment, s'il y avait :

Où LUCTE, SOIT CROY,

cela serait plus correct, et il n'y aurait pas de doute. Mais nous pensons qu'on ne doit pas précisément rechercher une orthographe irréprochable chez les tailleurs de pierres ; que le style lapidaire offre d'autres incorrections que celle-là ; que, dans l'espèce, LUC vaut LUCTE et qu'une autre interprétation que celle que nous proposons ne peut être donnée au dit mot *luc*.

Et si l'on n'admet pas cette dite interprétation, qui nous paraît si claire et si précise, nous serons fort reconnaissant au savant paléographe qui voudra bien nous en fournir une autre.

XXI

On pourrait s'étonner peut-être de ce qu'un semblable écusson se trouvât encastré dans la cheminée d'un modeste bâtiment, qui — nous l'avons signalé nous-même — n'avait pas l'importance d'un château et n'en formait qu'une dépendance.

Et cependant, il n'y a pas là de quoi s'étonner le moins du monde.

La noblesse — au Moyen Age surtout — avait coutume d'étaler ses armes partout: c'était comme un sigle, qu'elle imprimait à chaque coin de son domaine.

Elle les faisait tailler sur les portes des castels, au fronton des cheminées, à l'intérieur des âtres; tisser dans l'étoffe des tentures; broder sur les saies, les pourpoints et les bannières; graver sur la vaisselle, les bijoux et les scels;

sculpter dans les bahuts et le dossier des sièges ; peindre sur les lambris de ses demeures, comme aux cantons de ses tableaux de famille ; encastrer même dans le carrelage des corridors et des cuisines.

Il était d'usage de les multiplier à profusion ; et, au coin de son foyer, comme à l'ombre de sa bannière, le preux des XIIe, XIIIe, XIVe et XVe siècles surtout retrouvait le signe illustre, qui lui rappelait les faits et gestes des ancêtres, l'honneur du nom, l'intégrité et la solidarité de la famille.

L'écusson des Croy taillé dans la cheminée de notre vieille demeure n'a donc rien qui nous surprenne ou nous étonne ; il nous donne simplement la certitude que la dite demeure a une origine nobiliaire et qu'elle est, sans conteste, le débris d'un vieil et aristocratique donjon, qui a eu sa renommée et ses vicissitudes.

En tous cas, la pièce vraiment remarquable dont nous nous occupons est bien un travail et un monument du XVe siècle : pourquoi la demeure qui l'a abrité ne serait-elle pas de la même époque ? Surtout lorsque l'on constate que la cheminée, dont ce monument formait la frise, et que le milieu dans lequel il se trouvait avaient tous les signes et tous les caractères de la dite époque !

Il n'y a donc aucune raison ou aucun motif de croire que le château des Croy, à Saint-Josse-ten-Noode, — dont la ferme des Stevens était le dernier vestige, — ait été élevé par l'un ou l'autre Charles des Seigneurs d'Aerschot, et nous pensons qu'il doit sa fondation à Anthoine de Croy, Comte de Porcean, le serviteur fidèle et l'ami dévoué du Duc de Bourgogne, Philippe le Bon.

Il se peut que Charles de Croy, fils de Philippe, troisième du nom, et de Jeanne de Halewyn, époux en premières noces de Marie de Brimeux, en secondes de Dorothée de Croy, ait fait modifier, agrandir, embellir le château du Faubourg de Louvain ; il se peut qu'il l'ait doté de ce luxe " de piscines et de fontaines, avec tout ce qui pouvait exciter au plaisir „, dont parle Van Gestel; il n'a pas pu le faire construire.

En effet — et nous l'avons fait remarquer déjà supra § XV — ce château est antérieur à la naissance de ce haut et puissant gentilhomme (1er Juillet 1560). A cette date — le plan de Jacques de Deventer en fait foi — le dit château et annexes existaient latéralement au *sacellum* de Saint-Josse, au bord de la *Maelbeek*, à l'endroit même où se développait le spacieux jardin de la ferme des Stevens et où, en 1838, on retrouva leurs substructions.

Philippe le Bon

inédit, attribué à Jean Van Eyck.

CHAPITRE DEUXIÈME

LES BOURGUIGNONS ET LA TOISON D'OR

XXII

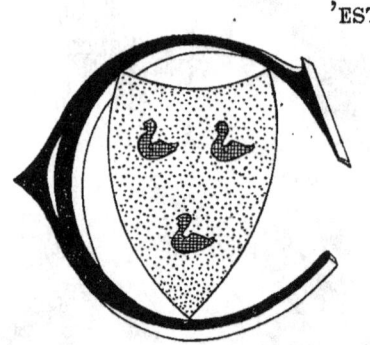'EST une riche, importante et puissante famille, que celle des Croy ; elle compte parmi la noblesse la plus haute et la plus illustre de France, d'Allemagne et de Belgique et, par ses premières alliances, remonte à l'époque initiale de la constitution de l'Europe chrétienne.

De sang royal, comme la Maison de Bourgogne, — à laquelle elle est alliée du reste, — plus noble que les Cobourg, les Nassau ou les Hohenzollern, aussi noble que les Habsbourg ou les Capet, la famille de Croy a son rôle politique, ses luttes et ses triomphes.

Et certes, tout ce qui, de près ou de loin, touche à ces Maisons illustres, — dont le tronc a jeté de profondes racines dans notre vieux sol gaulois, — tout ce qui se rapporte à ces vaillants, — dont l'épée a été tirée pour le bien de la patrie, — tout ce qui concerne ces conseillers de Rois et ces envoyés d'Empereurs, a son importance et sa valeur nationales.

A ce titre surtout, et comme facteur dans l'activité de notre forte race, la famille de Croy mérite une attention toute spéciale.

Or, cette illustre Maison a été si intimement mêlée au mouvement bourguignon; elle a eu un rôle si prépondérant, et un des premiers, parmi les Chevaliers de la Toison d'Or, qu'une digression sur la Maison de Bourgogne et l'Ordre célèbre qu'elle a fondé devient nécessaire et que nous n'hésitons pas à l'entreprendre.

Nous tâcherons de la rendre aussi brève que possible, et, en présence des faits instructifs et intéressants qu'évoque la dite digression, nous espérons qu'on voudra bien la subir et nous la pardonner.

XXIII

Jean II, dit le Bon, Roi de France, était revenu d'Angleterre, où, après la désastreuse bataille de Poitiers (1356), Edouard III l'avait emmené captif.

C'était en 1360, après quatre ans d'humiliante servitude, et en suite du Traité de Bretigny, qui, outre une rançon de trois millions d'écus d'or, livrait à l'Anglais le Poitou, le Limousin, la Saintonge, l'Agenois, le Perigord, le Quercy, l'Angoumois et le Rouergue.

Jean II eut à femme Bonne de Bohême, fille de Charles de Luxembourg, Empereur, et Roi de Bohême. Elle lui donna quatre filles et quatre fils, à savoir :

A. Filles :

a) Marie de France, femme de Robert de Bar ;
b) Jeanne, femme de Charles de Navarre, dit *le Mauvais ;*
c) Ysabeau, femme de Jean Galeas, Vicomte de Milan ;
d) Marguerite, religieuse à Poissy.

B. Fils :

a) Charles, Roi de France, cinquième du nom, surnommé *le Sage ;*
b) Louis, Duc d'Anjou, Comte du Maine, Roi de Naples et de Sicile ;
c) Jean, Duc de Berry et d'Auvergne ;
d) Philippe de France, surnommé *le Hardy.*

Pour récompenser son quatrième fils de la bravoure dont il avait fait preuve à la fatale journée de Poitiers, le Roi de France reconstitua le Duché de Bourgogne, qui, pour la troisième fois, et par réversion, — en suite de la mort, sans hoirs mâles, de Philippe, petit-fils d'Eudes IV, — avait fait retour à la Couronne, et en investit son dit quatrième fils, Philippe le Hardy, comme Premier Pair de France et comme Délégué du Souverain.

Voici le texte de cet Acte royal que, — pour autant que possible lui conserver la saveur et la concision de l'original, — " nous translatons en vieil Françoys „ :

Jehan, par la grace de Dieu, Roy des Franks, &ª. Scavoir faisons, &ª, qu'à l'humble supplication de nos subjects du dict Commandement de Bourgogne, jà dict Duché-Pairie de Bourgogne ; tout ce qu'en luy havons et pouvons et debvons havoir de droits de possession et de propriété, mesme en ce qui concerne la Comté de Bourgogne, nous le donnons et concédons, par la teneur des présentes à notre dict Fils Philippe, auquel nous en transferons les premices, revenus et possessions, et ce, de par nostre grâce spéciale, Science certaine, auctorité Royale, et dans la plénitude de nostre Royale puissance, POUR LUY ET SES HOIRS MASLES, PROCRÉÉS EN MARIAGE DE SON PROPRE CORPS, par droict héréditaire perpétuel pacifiquement et coëtement institués; et FAISONS et créons le Duc nostre mesme Fils PREMIER PAIR DE FRANCE. QUE si nostre predict Fils ou sa telle predicte Posterité vinssent à disparoistre, ce qu'à Dieu ne plaise! que la Progeniture Masculine succédante de par son propre corps fist défault, les premices, choses générales et particulières ès dicts Duché et Comté, retourneront de plein droict et integralement, comme données elles sont, à Nous et nos Successeurs, qui Roys en ces temps seront, toutes choses réajustées à nostre Coronne et Domaine. Donné de Nogent-sur-Marne, au Sixiesme Jour de Septembre, An du Seigneur Mil-Trois-cents-Soixante-Trois.

DE PAR LE ROY,

Yvo (1).

(1) " Teneur de la Donation du Duché de Bourgongne, faicte à Monsieur Philippe de France dict le Hardy, par le Roy Jean son Père:

„ JOANNES, DEI GRATIA REX FRANCORUM, &ª., NOTUM, &ª. Quod NOS ad humilem supplicationem subditorum nostrorum dicti Ducatus Burgundiæ, prædictum Ducatum Burgundiæ in PARIATV, et quidquid Jurium possessionis et proprietatis habemus et habere possumus et debemus in eodem; nec non et in Comitatu Burgundiæ, dicto Filio nostro Philippo donauimus et concedimus tenore præsentium, de nostris speciali gratiâ certa Scientiâ, auctoritate Regiâ, et nostra Regiæ potestatis plenitudine, præmissa in eum transferimus tenenda et possidenda, PER EUM ET HAREDES SVOS MASCVLOS IN MATRIMONIO ET PROPRIO CORPORE PROCREANDOS, perpetuo hareditario iure pacifice et quiete ponentes : ipsumque Filium nostrum Ducem, PRIMVMQUE FRANCIÆ PAREM FACIMUS, et creamus. QUOD

A la mort de Jean le Bon, survenue après une captivité nouvelle, noblement reprise et vaillamment subie, Philippe le Hardy s'empressa de faire valoir et son titre de Duc de Bourgogne, et son titre de Premier Pair de France (1364). Le quatrième fils de Jean de France savait ce qu'il faisait et n'ignorait pas que l'aveugle fortune n'abandonne point les audacieux.

C'est que la Pairie avait son importance, son éclat et sa haute juridiction. Instituée par Charlemagne, — qui, tout en étant Roi, Empereur et Souverain, était loin d'être un despote et comprenait que la Monarchie, pas plus que la République, ne pouvait subsister sans lois et sans contrôle, — la Pairie était comme un contrepoids de l'arbitraire royal.

Les Pairs étaient les Conseillers du Roi ; ils devaient le contrôler " au cas qu'il débordât de raison ", assistaient à son sacre, le nommaient en cas de vacance du Thrône, siégeaient aux Lits de Justice — ces Assemblées solennelles du Parlement que présidait le Roi — et ne pouvaient être jugés

si prædictus Filius noster, vel sua Posteritas, vt prædicitur, procreanda deces-serint, quod absit, absque Prole Mascula, ex proprio corpore succedente, in dictis Ducatu et Comitatu præmissa, universa et singula sic donata pleno iure integraliter reuertentur ad Nos, et Successores nostros Reges qui pro tempore fuerint, nostræ Coronæ et Domanio applicanda. Datum Nongenti supra Maternam (*), Die Sexta Septembris, Anno Domini Millesimo Trecentesimo Sexagesima Tertio.

„ Per Regem.

„ Yvo.

„ Scellées de Cire Verde, sur lacs de Soye (**). „

(*) *Nongentum supra Maternam*, c'est aussi *Novigentum Regis*, Nogent-le-Roy. Il y a deux Nogent-le-Roy : un en Champagne, — c'est le Nogent-sur-Marne dont s'agit ici, — et un autre près de Dreux, dans l'Orléanais.

(**) André Favyn, *Théâtre d'honneur et de Chevalerie*, &ᵃ. Paris, Robert Fouet. MDCXX, Tome II, Livre IV, p. 934.

que par ce Parlement, où, de droit, ils avaient leur place. Hommes liges du Roi, tous égaux, — le plus élevé parmi eux ne pouvant être que *primus inter pares*, — ils avaient le droit de haute et basse justice, battaient monnaye, faisaient la guerre et, comme le Roi, pouvaient se déclarer Duc ou Comte *par la grâce de Dieu*.

A l'origine, les grands Feudataires traitaient quasi d'égal à égal avec le Roi, et ils étaient si indépendants et si osés, que non seulement ils narguaient parfois l'autorité royale, mais encore la bravaient. Qui ne connaît la fière et mordante réponse d'Adelbert, Comte de Périgueux, à Hugues Capet ? Celui-ci, inquiet des succès et des conquêtes du haut seigneur qui relevait de son droit de suzerain et qui, sans tenir compte de ses devoirs de vassal, venait d'assiéger et de prendre audacieusement la bonne ville de Tours (990), celui-ci lui manda sévèrement : *Quis te comitem constituit ?* A quoi le Comte riposta avec hauteur : *Quis te constituit regem ?* " Cela signifiait — dit Augustin Thierry — qu'un Comte de Périgord était souverain à aussi bon titre et aussi pleinement qu'un Roi de France (1). „ Cela signifiait aussi que, si les grands du Royaume avaient des devoirs vis-à-vis du pouvoir central, celui-ci avait des obligations envers eux, et que, si les seigneurs tenaient leurs titres et fiefs du Roi, le Roi, à son tour, et selon les circonstances, pouvait tenir d'eux son pouvoir et ses droits.

Quand les Pairies laïques furent éteintes, par suite de la réunion des grands fiefs à la Couronne, le titre de Pair fut donné aux Ducs de Bourbon, d'Orléans, de Berry, du Maine, etc., c'est-à-dire aux apanages des Enfants de France.

---

(1) *Lettres sur l'Histoire de France*. Paris, Garnier (sans date). — Lettre XIIe, p. 202.

Puis, l'institution s'amoindrit de jour en jour, devint la Chambre haute et, de plus en plus, fut dépendante du bon plaisir de Sa Majesté. Dans le principe, c'étaient des possesseurs de grands fiefs qui contrôlaient le Roi, l'aidaient de leur épée, le soutenaient de leurs avis et, au besoin, lui tenaient tête ; à la fin, ce n'était plus qu'une valetaille titrée, que le souverain pouvait créer par fournées, qui, au lieu de le nommer, s'inclinaient devant lui et qui se déclaraient hautement, non plus ses vassaux, fidèles et hommes liges, mais *ses très humbles et très obéissants sujets*.

La Pairie pouvait être possédée par les femmes, qui avaient le droit d'en exercer certaines prérogatives. C'est ainsi que Marguerite de Flandre, deuxième fille de Baudouin IX de Constantinople, prit part, en 1258, à la délibération par laquelle le Comté de Clermont fut attribué à saint Louis, et que Mahaud, comtesse d'Artois, siégea parmi les Pairs qui décidèrent dans le différend survenu entre Philippe V, roi de France, et Robert de Béthune, Comte de Flandre, troisième du nom (1320).

Au XIIIe siècle, il y avait douze Pairs : six laïcs et six ecclésiastiques, à savoir :

A. Laïcs: les Ducs de Bourgogne, de Guyenne et de Normandie ; les Comtes d'Artois, de Flandre et de Toulouse.

B. Ecclésiastiques : l'Archevêque de Rheims ; les Évêques de Beauvais, de Chaslon-en-Champagne, de Langres, de Laon et de Noyon.

En faisant valoir son titre de Premier Pair de France, le Duc de Bourgogne, fils et frère de Roi, prenait donc une position prépondérante, que, par la suite, vint encore renforcer sa qualité de Comte de Flandre. En effet, en 1369, il épousa Marguerite, enfant unique de Louis de Maele, veuve, depuis 1360, de Philippe de Rouvres, petit-fils d'Eudes IV, dernier descendant de la Branche royale de Bourgogne ancien, dont Robert de France, petit-fils de Hugues Capet, était la souche. A la mort de Louis de Maele, son beau-père (1384), Philippe le Hardy reçut l'apanage de la Flandre et réunit ainsi sur sa tête les droits des deux grands fiefs les plus riches et les plus importants de la Couronne de France.

Cette place prépondérante, il la sut maintenir avec énergie et fermeté. Chargé, avec le Duc de Berry, son frère, du gouvernement du royaume de France pendant la minorité de Charles VI, leur neveu, il opposa une barrière efficace aux attaques et aux tentatives anglaises et tint vaillamment tête aux d'Orléans, qui revendiquaient, avec la régence, la tutelle du jeune Dauphin.

Les affaires de France ne l'empêchèrent pas cependant de s'occuper de son Comté de Flandre, dont il soignait activement les multiples intérêts. Même, tout fier et intraitable qu'il était, il eut assez d'esprit et d'empire sur lui-même pour ne pas heurter la mâle énergie des Flamands, qui, s'ils consentaient à être gouvernés, n'entendaient être ni menés, ni exploités.

C'est ainsi qu'après une révolte, Cinquante bourgeois de Gand, lui ayant été députés, refusèrent obstinément d'implorer pardon et merci, disant fièrement : " Qu'ils avaient été chargés de traiter avec lui, non de lui demander grâce. „

Ce langage, aussi digne qu'indépendant, — qui certes n'était pas fait pour plaire au Premier Pair de France, — le choqua sans doute; mais il ne s'aveugla ni sur sa puissance, ni sur ses intérêts. Il traita aussi habilement et aussi favorablement qu'il put et s'appliqua, en cette circonstance comme en d'autres, à gouverner les gens de Flandre avec la plus grande sagesse et prudence.

Il mourut à Hal (Brabant), le 27 Avril 1404, à l'âge de soixante-sept ans, en revenant d'un voyage à Bruxelles, où il avait été négocier l'avènement d'Antoine, son deuxième fils, au Trône ducal de Brabant,— ce même Antoine qui, onze ans plus tard, devait tomber de façon si noble et si chevaleresque aux champs funestes d'Azincourt.

Il eut pour successeur son fils aîné, Jean de Nevers, auquel l'histoire a donné le titre de Jean sans Peur ; que les d'Orléans appelaient Jehan le Mauvais ; qu'à cause de sa taille au-dessous de la moyenne les Flamands nommaient Hannotin de Flandre (1), et dont la vie fut une suite ininterrompue d'intrigues, de luttes, de combats, d'aventures et de méfaits.

Au demeurant, il ne valait pas cher, et, à part son incontestable bravoure, il était traître, déloyal, méchant, cruel et *Mauvais* dans toute l'acception du mot.

XXIV

Né en 1368, Jean sans Peur avait le bel âge de trente-six ans quand il ceignit la couronne ducale ; mais les sottises et les bravades du Comte de Nevers étaient de tristes présages pour la conduite future et les destinées du Duc de Bourgogne.

(1) *Hannot, Hannotin,* comme *Jeannot, Jeannin,* signifient Petit-Jean ou Jean le Petit. *Le Mauvais* ne s'offusquait guère, du reste, de cet irrévérencieux sobriquet et, à l'occasion, de son accent gras et traînard de Bourguignon, se nommait lui-même en riant : *Hansken van Vlaenderen,* comme disaient les Gantois.

D'une ambition démesurée, il aspirait à l'exercice du pouvoir royal, et, pour atteindre son but, n'épargna ni rang ni personne.

Son adversaire naturel était son cousin, Louis, Duc d'Orléans, l'époux de Valentine de Milan, le frère de Charles VI, et l'amant de sa belle-sœur, la Reine Ysabeau de Bavière (1).

Les attaques du Roi d'Angleterre, qui prétendait avoir des droits sur la Normandie, sur la Bretagne, sur la France même, la folie de Charles VI, les intrigues de Cour, la misère publique, les luttes intestines, tout faisait la partie belle à l'audacieux Bourguignon.

Et comme la Cour s'appuyait sur l'aristocratie, la noblesse et la minorité élégante de la nation, il s'appuya, lui, sur la bourgeoisie, l'Université et la faction populaire des *Maillotins*, où dominait l'esprit mécontent, gouailleur et démocratique.

Et certain jour, la situation lui paraissant favorable, il réunit ses féaux et ses hommes d'armes et marcha sur Paris.

A son approche, la Reine et le Duc d'Orléans prirent la fuite et allèrent à Melun pour tâcher d'organiser la résistance (2).

Cependant, un arrangement intervint; le Duc de Bourgogne obtint part dans le gouvernement, et les deux chefs des d'Armagnacs et des Bourguignons se tendirent la main et s'embrassèrent. Et, pour mieux encore sceller la réconciliation et les lier par un pacte auguste et indélébile, Jean le Camus, Duc de Berry, leur oncle, les amena à se jurer amitié et fraternité éternelles, et à communier ensemble.

---

(1) La belle Ysabeau avait des mœurs si relâchées, que le peuple de Paris l'appelait *la grand' gorre*, alias *scrofa magna*, grosse truie.

(2) Melun — *Melodunum* — ancienne ville de l'Ile-de-France, sur la Seine, à dix lieues S.-E. de Paris. Patrie de Jacques Amyot.

Trois jours après cet acte austère et solennel, Louis d'Orléans, sortant la nuit du palais royal, tomba dans une embuscade, dressée par le perfide Bourguignon à la Porte Barbette, et fut massacré sans pitié ni miséricorde (1407) (1). Cette félonie, doublée d'un sacrilège, ne devait guère pro-

(1) Louis d'Orléans, la victime du *Mauvais*, était l'époux de Valentine de Milan et le père de Charles d'Angoulesme, ainsi que d'un vaillant bâtard, du nom de Jean Dunois.

a) Charles d'Angoulesme, né à Paris, Hôtel Saint-Pol, en Mai 1391, et baptisé en l'Église de Saint-Pol, le 31 même mois, eut pour parrain ce même Jean sans Peur qui, seize ans après, devait être l'assassin de son père. Marié à treize ans (1404) avec la femme de feu Richard d'Angleterre, de beaucoup plus âgée que lui, mais " veuve et vierge tout ensemble „, il se remaria, quelque temps après la mort de sa conjointe, à dix-neuf ans (1410), avec la fille de Bernard VII, Comte d'Armagnac, chef de la faction du même nom. Blessé à la bataille d'Azincourt (Octobre 1415), — où il s'était vaillamment conduit, — il fut fait prisonnier et emmené en Angleterre ; sa mère Valentine ne survécut que quelques jours à ce désastre et mourut en Novembre même année. Il habita d'abord le château de Windsor ; puis celui de Bolingbroke, — où son entretien coûtait *vynt souldz le jour ;* — puis celui du Comte de Suffolk, qui se chargea du dit entretien moyennant *quatorze sols et quatre deniers par jour*, et ne recouvra sa liberté qu'en 1440, c'est-à-dire après vingt-cinq ans de captivité, et moyennant une rançon de 120,000 écus d'or, somme énorme pour l'époque, car elle représentait plus d'un million et demi de notre monnaie, l'écu d'or valant douze livres, dix sous et cinq deniers. A l'exemple de son cousin, Charles VII, il se réconcilia avec Philippe le Bon, dont, en troisièmes noces, il épousa la nièce, Marie de Clèves. Il fut, à cette occasion, créé Chevalier de la Toison d'Or. Il eut de Marie de Clèves le Duc Louis, qui devint Roi de France sous le nom de Louis XII et qui " sur le Trône ne voulait se souvenir des injures faites au Duc d'Orléans „. Charles d'Angoulesme habita, depuis Avril 1449, son château de Blois et mourut à Amboise, le 4 Janvier 1465, à l'âge de près de septante-quatre ans. Il est l'auteur des élégantes Poésies, éditées, en 1842, par Aimé Champollion-Figeac, sur le M S. de Grenoble et qui, antérieures au *Pantagruel*, sont un des monuments les plus remarquables de la Langue française au Moyen Age.

b) Jean Dunois, Comte de Longueville, Bâtard d'Orléans, né en 1402, fut un des Lieutenants de la Pucelle et se distingua dans cette lutte terrible, *pro aris ac focis*, qu'au commencement du xve siècle la France eut à soutenir contre l'Anglais. Il fut vaillamment dévoué à son frère naturel, Charles d'Angoulesme, qui, pour lui prouver sa reconnaissance, par Lettres patentes du 21 Juillet 1439, lui fit don du Comté de Dunois, au pays de Beauce, dont Château-Dun est la capitale.

fiter à l'assassin et lui valoir, dix ou douze ans plus tard, de justes et terribles représailles.

En attendant, il osa faire l'apologie de son détestable crime : il dépeignit sa victime comme un fauteur de désordres, comme un rebelle à son Roi, comme un traître à sa patrie; et, pour donner une forme durable à ses accusations, il chargea un maître clerc, — madré Normand, — le Docteur Jean Petit, de l'Ordre des Cordeliers, de vilipender, selon les préceptes de la Dialectique et conformément à toutes les règles de l'art, la mémoire de l'assassiné.

C'était tout simplement abominable et d'un cynisme tel, que, pour l'excuser quelque peu, d'aucuns ont prétendu que, en assassinant le Duc d'Orléans, Jean sans Peur avait vengé son honneur d'époux outragé. On a soutenu que Louis d'Orléans avait violé et insulté Marguerite de Bavière, femme du Duc de Bourgogne et sœur d'un autre Jean : Jean, l'Élu de Liége, dit Jean sans Pitié.

Ce fait, fût-il vrai, n'innocente ni ne lave le Duc de Bourgogne. A cette époque de rudes contacts et de brutales contestations, les idées élevées et chevaleresques avaient leur mot à dire. Comme tous les preux de son temps, Hannotin de Flandre n'avait qu'à appeler le Duc d'Orléans en champ clos et, en noble Chevalier, vider son différend avec lui, en présence de ses Pairs. Un loyal combat peut avoir sa raison ; un meurtre même, son excuse; la félonie et l'assassinat n'en ont jamais.

Du reste, Jean de Bourgogne, qui paraissait ne craindre ni Dieu, ni diable, n'était, en réalité, rien moins que rassuré et même a dû avoir de terribles appréhensions. Il se méfiait, et, tout Sans Peur qu'il s'intitulait, par peur d'inévitables retours de fortune, prenait ses précautions.

Il y avait, dans le temps, rue Étienne-Marcel, à Paris, un vieux monument, qui témoignait hautement et de ces appréhensions, et de cette méfiance ; et si, dans son tourbillon et sa violence, le vandalisme moderne ne l'a pas emporté, ce vieux monument en témoigne peut-être encore aujourd'hui.

Ce monument s'appelait la Tour de Jean sans Peur.

De vingt-cinq à trente mètres de haut, cette tour avait six étages, d'une pièce chacun, desservis par un escalier de pierre, en hélice, terminé lui-même par une cage voûtée, où s'épanouissaient, au milieu de branchages et d'entre-lacs sculptés dans la pierre, les armes et les attributs de la Maison de Bourgogne.

L'appartement de Jean sans Peur se trouvait au deuxième étage.

D'une seule pièce, comme nous l'avons dit plus haut, cet appartement était outillé de façon à prévenir et à déjouer les coups de mains.

Sans fenêtre, à porte très basse, en chêne épais bardé de fer, et n'ayant pour s'éclairer que trois étroites meurtrières, cet appartement communiquait avec les souterrains et oubliettes du monument par des escaliers et des couloirs ménagés dans l'épaisseur des murs. C'est dans ces souterrains, si on en croit la Chronique du temps, que Hannotin de Flandre recevait ses partisans et gens d'armes, ainsi que son bourreau Capeluche, de sinistre mémoire.

Le soir venu, le Sire de Bourgogne se verrouillait soigneusement dans son antre et y défiait joyeusement toutes les surprises nocturnes que ses bons amis les d'Armagnac, — comme lui, mais bien plus souvent que lui en tournée à Paris, — pouvaient lui réserver. Et d'autant plus sûrement, que la plate-forme crénelée de la Tour était un excellent observatoire, d'où la sentinelle bourguignonne pouvait aisément découvrir tous les mouvements et toutes les manœuvres de l'ennemi.

De cette hauteur, elle devait même distinguer nettement le carrefour Barbette, où son maître avait si lâchement fait assassiner le malheureux Duc d'Orléans, et cette vue, pénétrant de plus en plus le Mauvais, ne pouvait que lui démontrer, sans réplique, la nécessité qu'il y avait pour lui de prendre les plus minutieuses précautions.

Et l'avenir se chargea de le lui prouver.

La Tour de Jean de Bourgogne avait donc sa raison d'être, et ce vieux témoin de pierre raconte, en sa silencieuse éloquence, que, si le Mauvais était *sans Peur*, il n'était ni sans inquiétude, ni sans crainte.

XXV

Sur ces entrefaites, Henri V d'Angleterre reprit les tentatives contre la France, descendit dans l'Artois et gagna sur les Français la fameuse bataille de Rouceauville-Azincourt, qui mit le royaume de saint Louis à deux doigts de sa perte (Octobre 1415).

Cependant, par la mort de ses deux frères aînés, le jeune Comte de Ponthieu, né en 1402, était devenu Dauphin de France (1418). Il avait seize ans et se trouvait complètement sous l'influence et la direction des d'Armagnac.

Aussi, comprenant qu'il n'avait plus rien à gagner, ni aucun ménagement à garder, Jean sans Peur marcha derechef sur Paris.

Il s'arrêta à Lagny, qu'il livra au pillage et où il crut devoir attendre les événements.

Mais le long et absurde séjour qu'il fit dans cette localité, dévastée par ses soldats, lui valut les railleries des gens de Paris, qui le criblèrent de leurs quolibets et de leurs brocards, et, par-dessus son surnom de Hannotin de Flandre, lui donnèrent le sobriquet typique de *Jean de Lagny, qui n'a hâte.*

Une surprise, doublée d'une trahison, lui livra cependant une des portes de Paris. Il y entra, suivi de ses hommes d'armes, et fut reçu avec enthousiasme par les *Maillotins*, au premier rang desquels se rengorgeait Perrinet Leclerc, un de ceux qui avaient manigancé la chose.

Seulement, le succès fut de peu d'importance et ne dura guère.

Tannegui Duchastel s'enfuit en enlevant le Dauphin, et courut s'enfermer à Bourges; de telle sorte qu'en entrant à Paris, le Mauvais détenait la cage sans tenir l'oiseau.

Henri V d'Angleterre, profitant une fois de plus de toutes ces dissensions intérieures, équipa une flotte, débarqua de nouveau sur les côtes de France et s'empara de toute la Normandie.

Il disait tout haut, avec un sourire méprisant, " qu'il n'y avait plus de France et qu'il venait la prendre, pour la joindre à la noble Couronne d'Angleterre „.

Certes, le péril était grand, la catastrophe imminente, la ruine probable; aussi les deux factions ennemies comprirent qu'elles devaient, momentanément, faire trêve à leur haine, s'unir au lieu de se diviser, et se tendre la main pour faire face au danger commun.

Le Dauphin et le Duc Jean eurent d'abord une entrevue à

Melun, pendant laquelle le Sire de Bourgogne rendit hommage à son futur Souverain, et où l'on s'embrassa, en promettant d'oublier le passé.

Une seconde entrevue, nécessaire pour régler tous les points de la réconciliation, fut fixée au pont de Montereau, où devaient être pris les derniers arrangements d'une amitié féconde et durable.

Les deux Princes, Dauphin et Duc, seuls ceints de leur épée, suivis chacun de dix hommes liges sans armes, se présentèrent aux deux extrémités du pont.

Les barrières s'ouvrirent toutes larges devant eux et se refermèrent discrètement quand ils furent passés.

Une tente, dressée au milieu du pont et richement drapée, était prête à les recevoir. Introduit près du Dauphin par le Prévôt de Paris, Tanneguy-Duchastel, Jean sans Peur, le regardant fixement de son œil clair et bleu, dit à son introducteur, en frappant fièrement sur le pommeau de sa vaillante épée : " Voilà sur qui me fie ! „ Et bravement, tête nue, il s'avança vers le Dauphin, s'inclina devant lui et mit un genou en terre pour lui rendre hommage. A ce moment, Tanneguy, un Breton bretonnant s'il en fût, lui fendit le crâne d'un coup de hache d'armes, cachée dans la tenture, et le Sire de Bouteillier l'acheva d'un rude coup de couteau dans la gorge (10 Septembre 1419) (1).

C'était une lâche félonie, une abominable trahison, un acte révoltant de cruauté et de mauvaise foi, dont le Dauphin devait avoir été l'instigateur, le complice ou le confident

---

(1) Une complainte du temps chantait piteusement et amèrement :

        Renaudin l'enferma,
        Tanneguy le frappa,
        Bouteillier l'égorgea !

discret et impassible; mais, malheureusement, cela répondait à une cruauté implacable, à une trahison cynique, à une félonie sacrilège et n'était que les sanglantes représailles de l'odieux assassinat de Louis d'Orléans (1).

XXVI

A la nouvelle de l'assassinat de son père, Philippe le Bon — il avait alors vingt-trois ans — poussa des cris de rage et de douleur et jura de le venger.

Il s'allia à Henri V d'Angleterre, — ce qui, quoi qu'on en puisse dire, était le fait d'un mauvais patriote; — le seconda de tout son pouvoir; le soutint dans la guerre qu'il faisait à la France, et, par le Traité de Troyes, conclu entre lui et le Roi d'Angleterre, s'engagea à reconnaître celui-ci, à la mort de Charles VI, — et à l'exclusion du Dauphin, qu'il accusait de trahison et de félonie, — comme le seul Souverain légitime du Royaume de saint Louis (1420).

Puis, accompagné de son royal allié et suivi de sa noblesse,— au premier rang de laquelle se trouvait Anthoine de Croy, — il se rendit, vêtu de grand deuil, à Paris, se présenta à l'Hôtel de Saint-Pol, où habitait le Roi de France, et lui demanda justice de l'assassinat de son père.

Charles VI la lui promit et mit tout en œuvre pour la lui

(1) " Et tout ainsi que ce Jean de Bourgongne auoit à coups de Hache faict massacrer et respandre la Ceruelle du Duc d'Orleans, son cousin, la sienne pareillement fut respanduë, et luy assommé à coups de Hache, sur le Pont de Montereau, où fourche Yonne, le Dimanche Dixiesme Septembre Mille Quatre Cents Dix-Nevf, à cinq heures du soir; et longtemps après, son Corps fut porté aux Chartreux près Dijon, au deuant de son Père dans vne Caue. „ (ANDRÉ FAVYN. Ouvr. cité. Tome II, Livre IV, p. 936.)

faire obtenir. Mais que pouvait-il ? Sa sombre folie, les luttes intestines, l'étranger foulant le sol sacré de la patrie, les d'Armagnac triomphants et, après la réussite de leurs terribles représailles, plus puissants que jamais, autant d'empêchements qui venaient vinculer les meilleures intentions du Roi et rendre ses efforts stériles.

Du reste, sa mort et celle de Henri V, arrivées toutes deux en 1422, changèrent la direction des esprits et la face des choses.

Insulté par Humphroy, Duc de Glocester, — auquel, en retour, il jeta son gantelet au travers du visage et qui, sur les conseils de son frère, le prudent Duc de Bedfort, ne releva pas ce sanglant défi, — le Duc de Bourgogne comprit la faute énorme de l'alliance anglaise, à laquelle une sainte douleur et un sentiment de vengeance légitime l'avaient entraîné, et il chercha, avec angoisse, à briser la chaîne qui l'attachait à l'Anglais.

Et le Dauphin, devenu Roi, sous le nom de Charles VII, cherchant, par tous les moyens, à s'excuser, à s'innocenter et à ramener son puissant ennemi, les choses entrèrent dans la voie de l'apaisement et de la réconciliation (1).

---

(1) L'héroïque Pucelle avait compris, elle aussi, l'énormité de la faute politique commise par le tenace Bourguignon et lui avait fait écrire, signée d'une croix, — car la pauvre et noble fille était complètement illettrée, — la lettre suivante, dont l'original se trouvait naguère aux Archives de Lille :

" † JHESUS MARIA. Hault et redoubté prince, duc de Bourgogne, Jehanne la Pucelle vous requiert de par le roy du ciel, mon droicturier souverain Seigneur, que le roy de France et vous, faciez bonne paix, ferme, qui dure longuement Pardonnez l'un à l'aultre de bon cœur, entièrement, ainsi que doibvent faire loyaux chrestiens, et, s'il vous plaist guerroyer, allez sur le Sarrasin. Prince de Bourgogne, je vous prie, supplie et requiers tant humblement que je vous puis requérir, que ne guerroyiez plus au sainct royaume de France, et faictes retraire incontinent et briefvement vos gens qui sont en aucunes places et forte-

Il fallut seize ans cependant pour amener ce résultat, car ce ne fut que par le Traité d'Arras (22 Septembre 1435) que le Duc de Bourgogne reconnut Charles VII et qu'il se résigna à lui rendre hommage. Et encore, le Roi dut se soumettre aux plus humbles rétractations, aux réparations les plus dures, à une quasi-abdication de ses droits de suzerain vis-à-vis de son vassal (1).

XXVII

Or, pendant toutes ces compétitions, de graves et solennels événements s'étaient accomplis.

Le Concile œcuménique de Constance avait condamné la doctrine hérétique de Jean Huss, nettement défini l'Autorité

---

resses dudit royaume. De la part du gentil roy de France, il est prest de faire paix avec vous, saulf son honeur ; et il ne tient qu'à vous. Et je vous fais scavoir, de par le roy du ciel, mon droicturier et souverain Seigneur, pour vostre bien et pour vostre honeur, que vous ne gagnerez poinct de bastaille contre les loyaux François ; et que tous ceulx qui guerroyent audit sainct royaume de France, guerroyent contre le roy Jhesus, roy du ciel et de tout le monde, mon droicturier et souverain Seigneur. Et vous prie et vous requiers à joinctes mains que ne faciez nulle bastaille, ni ne guerroyiez contre nous, vous, vos gens et vos subjects. Croyez seurement, quelque nombre de gens que vous ameniez contre nous, qu'ils n'y gagneront mie ; et sera grand pitié de la grand bastaille et du sang qui sera répandu de ceulx qui viendront contre nous. Il y a trois sepmaines que vous ai escript et envoyé de bonnes lettres par un herault pour que vous fussiez au sacre du roy (*) qui, aujourd'hui dimanche, dix-septième jour de ce présent mois de juillet, se faict en la cité de Reims. N'en ai pas eu réponse, ni onc depuis n'ai ouï nouvelles du herault. A Dieu vous recommande et soit garde de vous, s'il lui plaist, et prie Dieu qu'il y mette bonne paix. Escript audit lieu de Reims, le 17 Juillet. „ (1429.)

(1) Voir pour les principales dispositions du dit Traité d'Arras : DE BARANTE, *Histoire des Ducs de Bourgogne*, 4ᵉ éd. Paris, Ladvocat, 1826. Tome VI, p. 307 à 332.

(*) En tant que Duc de Bourgogne, Comte de Flandre, Comte d'Artois et Pair de France, Philippe le Bon avait l'obligation d'assister au sacre du Roi.

de l'Église, déterminé la Puissance du Pape, réglé la Discipline du Clergé et des fidèles, et, en nommant un Pape, avait mis fin au schisme d'Occident (1414-1418).

A cette époque, trois hauts personnages, soutenus par des intérêts divers et des influences multiples, se disputaient la dignité papale : Pierre de Lune (dit Benoît XIII), Angelo Corario (dit Grégoire XII) et Balthazar Cossa (Jean XXIII). Le Concile de Constance reçut la renonciation de Angelo Corario, déposa Pierre de Lune, releva de sa charge pontificale Balthazar Cossa, — qui, encore que nommé par le Conclave, se soumit humblement à la sentence souveraine de l'Assemblée œcuménique, — et éleva à la dignité du Pontificat suprême un humble moine, Otho Colonna, qui, sous le nom de Martin V, occupa, de 1415 à 1431, la Chaire de Pierre et prit, sans contestations et sans débats, son rang dans la suite ininterrompue des Papes légitimes, immédiatement après Jean XXIII.

D'un autre côté, la France s'était ressaisie : la Vierge de Domremy avait chassé l'Anglais, rendu à Charles VII un royaume affranchi, conduit le Roy au Sacre de Rheims, planté fièrement au chœur de la cathédrale rhemoise sa bannière, qui " ayant esté au dangier avoit le droict d'estre à l'honneur „, et — livrée par des traîtres, abandonnée par le lâche monarque qui lui devait sa couronne — avait, pour prix de son héroïsme, de ses vertus et de sa foi de Française, été jetée au bûcher. Elle avait, la sainte et vaillante Pucelle, — sur laquelle trois siècles plus tard le fétide Arouet devait cracher sa bave, — elle avait dix-neuf ans à peine (31 Mai 1431). C'est une des lâchetés, des hontes et des ignominies les plus criantes de l'Histoire, dont les Anglais, l'infâme Pierre Cauchon, évêque de Beauvais, Charles VII et, peut-être, Philippe le Bon lui-même, peuvent revendiquer l'effroyable responsabilité.

Enfin, Philippe de Bourgogne était devenu un des grands vassaux les plus puissants de l'Europe. Possesseur de la Bourgogne, de la Flandre, du Brabant, du Limbourg, du Luxembourg, du comté de Namur, de l'Artois, du Hainaut et de tous les États bataves de la pauvre Jacqueline de Bavière(1), — devenue simple Dame van Borselen, Comtesse d'Ostrevant, — il voulut pacifier, unifier, consolider ces vastes régions, qui s'étendaient de la Zuiderzee à la Somme, centraliser et nationaliser nos provinces contre l'influence du Roi de France et donner à son gouvernement une allure toute souveraine, à sa cour un éclat inaccoutumé.

A cet effet, le *Grand-Duc d'Occident,* comme on le dénommait, avait, entre autres, réuni autour de lui et s'était attaché les hommes les plus vaillants et les plus dignes de son temps, et avait fondé l'Ordre célèbre de la Thoison d'Or.

---

(1) " Philippes Second estoit le plus riche Prince de la Chrestienté, de son Appennage Duc de Bourgongne, par Succession Comte de Flandres, d'Artois et de Charolois, Duc de Braban et de Luxembourg, par acquisition Comte de Namur, et par traicté avec Jacquette de Bauière sa Niepce (*), Comte de Haynau, de Hollande, Zelande, Seigneur de Frize et d'autres grandes Terres, desquelles il tiroit tous les Ans vne somme indicible d'Argent, qui procedoit de la vente et traffic des Laines et Toisons. „ (André Favyn. Ouvr. cité, p. 939.)

(*) « Jacquette „ — fille de Guillaume IV de Bavière, Comte de Hollande et de Hainaut, époux de Marguerite de Bourgogne, sœur de Jean sans Peur, — était bien « la Niepce du Mauvais „ mais simplement la cousine germaine de Philippe le Bon. Celle-là et celui-ci étaient enfants de sœur et frère. Du reste, le Traité de Delft (3 Juillet 1428), que Philippe de Bourgogne imposa à sa malheureuse cousine, était bien plutôt un ultimatum, qu'un contrat librement consenti. Et la façon cruelle dont il la traita à Rupelmonde, en 1432, à propos de son mariage avec Frank van Borselen, Gouverneur de Zélande, démontre clairement que le *bon* Duc était non seulement un adversaire implacable, mais encore un maître-chanteur expérimenté, connaissant à fond tous les trucs de la mise en scène.

XXVIII

Deux motifs graves et sérieux furent cause de l'institution de la Toison d'Or : une cause religieuse et une cause politique. D'aucuns y ajoutent une cause plus frivole ; un motif galant, qui fait se rebiffer les historiens officiels et bien posés (1), mais qui, cependant et selon toutes les apparences, a eu dans l'affaire sa portée et son importance.

Les événements venaient de prouver que la violence, la traîtrise et le guet-apens étaient péchés mignons pour bon nombre de hauts seigneurs, qui ne se faisaient faute de s'assassiner lâchement et même de sacrifier la patrie à leurs haines, à leurs rancunes, à leurs convoitises personnelles.

Philippe le Bon voulut donner à la noblesse du temps, — à ces d'Armagnacs et à ces Bourguignons qui se calomniaient, se déchiraient, se vilipendaient, s'assassinaient et se dévoraient l'un l'autre comme de vulgaires républicains, — un sentiment plus élevé de l'honneur, une intuition plus profonde du devoir.

Il voulut, en outre, donner à l'Église, si douloureusement

---

(1) Un de ces historiens — homme austère et entendu, qui certes ne manque ni de savoir ni de mérite, mais qui écrit l'histoire, ganté de blanc et manchettes aux poignets — raconte gravement : " que le port de la Toison d'Or, semblable à celle que Jason conquit dans la Colchide, était un hommage rendu à l'éducation des moutons et aux manufactures de laine, sources principales de l'opulence de la Belgique „. C'est très ingénieux, fort comme il faut, infiniment vertueux ; mais cela ne contentera guère, pensons-nous, ceux qui recherchent la réalité des faits. *L'éducation des moutons* surtout est une trouvaille, et prouve que le dit auteur n'a guère compris ce qu'André Favyn raconte de Jason, des Argonautes et de la Toison qu'ils allèrent conquérir aux rives du Pont Euxin.

éprouvée par l'hérésie et le schisme, des épées vaillantes, fermes et pures, prêtes à la soutenir et à la défendre.

Puis, — comme, selon la formule de Maître François, il était « bon raillard et paillard (1) „, — à ces motifs si nobles et si élevés, il mêla le gros sel de la malice gauloise.

XXIX

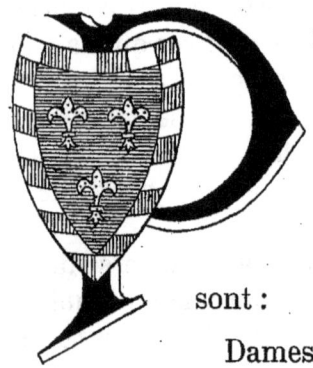

PHILIPPE n'avait pas eu moins de vingt-quatre maîtresses, dont les Chroniques du temps nous ont conservé le souvenir. Les noms de ces " gentes et honestes dames „ qui aidèrent l'illustre Duc " à descendre joyeulxement le rapide fleuve Vie „ sont :

Dames

1° Marie van Loeringhe van Crombrugghe ;
2° Thérèse Stalporte van der Wiele ;
3° Marie-Thérèse Baradot ;
4° Joséphine-Henriette de la Woestyne ;
5° Françoise de Bruyn ;
6° Philippine de Bornheim ;
7° Wilhelmine de Pachtere ;
8° Marie de Laval ;
9° Jacqueline d'Yves ;
10° Jeanne de Presles ;

---

(1) PONTUS HEUTERUS dit de lui : ' Flore ætatis, concubinarum mutatione gaudebat, secunda fortuna ac prospera valetudine illectus. „

11° Marguerite van Poest ;
12° Jacqueline van Steenberghe ;
13° La Signora Lopez de Ulloa ;
14° Annette de Vendosme ;
15° Agnès de Cantaing ;
16° Marie de Fontaine ;
17° Claire de Lattre ;
18° Anne de Masnuy ;
19° Jacqueline de Cuvillon ;
20° Marie-Honorée Bette ;
21° Scholastique van den Tempel ;
22° Marie-Josèphe de Bronckhorst ;
23° Guillemette de Horst ;
24° Catherine de la Trufferie.

Nombreuse et galante compagnie, où l'on trouvait quatorze beautés du plantureux pays de Flandre, neuf Charites du gentil royaume de France, et une Portugaise, la Signora Lopez. On devait rencontrer là tous les galbes, toutes les tailles, toutes les couleurs et toutes les nuances, depuis la brune jusqu'à la blonde, en passant par la rousse, sans oublier la noire, comme la Signora citée plus haut, qui était du gay pays de la Duchesse de Bourgogne et sans doute une des Dames suivantes de la Cour d'icelle.

A l'exception des damoiselles Marie-Thérèse Baradot et Marie-Honorée Bette, deux bourgeoises fourvoyées dans le troupeau, c'étaient toutes de grandes et nobles dames, aussi fières de leur blason que de leurs quartiers de noblesse, mais plus fières encore, faut-il croire, des royales faveurs du Grand-Duc.

Et encore ! à ce corps officiel de favorites en titre, et

titrées, faut-il ajouter la Dame Colette de Bosquiel, qui fut mère de David, Évêque d'Utrecht, célèbre par ses démêlés avec son compétiteur, Gisbert de Brederode. Celui-ci, nommé Évêque de la Principauté d'Utrecht par le Chapitre, accepté par le Magistrat et confirmé par l'Empereur, prétendait occuper le siège épiscopal. Mais on avait compté sans le Pape. Calixte III, — fidèle à la doctrine constante de l'Église, qui revendique l'incontestable droit de désigner elle-même, et elle seule, ses prêtres et ses lévites, — Calixte III, dans la plénitude de sa souveraineté sacerdotale, releva le Bâtard de Philippe le Bon de l'irrégularité de sa naissance, le nomma Évêque de l'antique Ville rhénane et lui donna les Bulles d'investiture.

De là conflit.

Mais, telle, à cette époque, était la puissance de l'Autorité suprême, que le Magistrat, l'Empereur, le Chapitre, les de Brederode eux-mêmes — les plus intéressés — s'inclinèrent devant la sentence du Successeur de Pierre et laissèrent l'Évêque David en paisible possession de son siège (Mai 1456).

Il est vrai que Philippe de Bourgogne y trouva son compte, qu'il y travailla de toutes ses forces et que, pour en arriver à ses fins, il fit au Saint-Siège les plus belles et les plus séduisantes promesses.

Au milieu de ses vastes et opulentes possessions, il y avait deux grandes et importantes enclaves, qui échappaient à sa domination. C'étaient la Principauté-Évêché d'Utrecht et la Principauté-Évêché de Liége, toutes deux souveraines et indépendantes et ne relevant que de l'Empire.

Par la nomination de son fils David au siège épiscopal d'Utrecht (1456) et de son neveu, Louis de Bourbon, au siège épiscopal de Liége (1458), le Grand-Duc d'Occident s'assurait d'alliés et de serviteurs tout à sa dévotion et pouvait croire qu'il avait vraiment reconstitué l'antique *Gallia Belgica.*

Il était vraiment Maître, de fait, sinon de droit, affranchi de toute vassalité, et le Roi de France même devait compter avec lui.

XXX

Or, des cheveux jolis de ses tendres odalisques, — qui lui donnèrent huit garçons et six filles, — le bon Duc avait fait tresser " un lac d'amour „ au milieu duquel la mèche dorée de Marie van Crombrugghe irradiait joyeusement, attirant les regards et provoquant des plaisanteries " de haulte graisse „.

A donc, certain jour, outré du sans gêne et de la malignité des courtisans, le Prince s'exclama narquoisement : " que tel qui se mocquait maintenant de ceste toison, la tiendra tost moult en honeur „.

André Favyn raconte cette historiette, en son THEATRE D'HONNEVR ET DE CHEUALERIE (1), à la grande indignation de Jules Chifflet, qui le traite de *musteus scriptor et famæ ignobilis.*

C'est fort bien. Mais André Favyn était " Aduocat en la Cour de Parlement „, à Paris, écrivait vers 1610 et paraît s'être servi de documents authentiques.

D'un autre côté, Lovvan Geliot, homme grave et sérieux s'il en fut, qui écrivait vers 1650, raconte la même chose,

---

(1) Ouvr. cité. Tome II, Livre IV, p. 944.

mais si naïvement et si benoitement, qu'il est malaisé de le suivre et scabreux de le citer. Cependant, comme le chroniqueur, l'historien et l'archéologue n'écrivent et ne peuvent pas écrire précisément pour de timides pensionnaires et d'innocentes damoiselles, nous nous hasardons à donner la leçon de cet austère Avocat au Parlement de Bourgogne (1) :

" Aymant vne Dame de Bruges d'vne beauté parfaite, auec laquelle il auoit beaucoup de priuauté, entrant du matin en sa chambre, il trouua sur sa toilette de la toison de son païs d'en bas, en vne petite touffe de poil blond et frisé, se qui donna subiet aux Gentils-hommes qui le suiuoient de rire; elle, faschée de se rencontre, le témoisgna par la couleur rouge qui parut en même temps sur son visage ; ce Prince l'ayant appaisée par ses caresses luy promit pour l'amour d'elle d'établir vn Ordre de la Toison d'Or, et que ceux qui s'étoient ris de sa toison dorée n'auroient pas l'honneur d'en estre: si cela n'a de la vérité, il est constant qu'il aymoit les Dames, et qu'il eut de ses amourettes huit bastards et six bastardes (2). „

---

(1) " Quand, après la mort du Téméraire, décédé sans Hoirs Masles, „ le Duché de Bourgogne revint, conformément aux termes de la donation et de l'investiture, à la Couronne de France, Louis XI, par Lettres patentes " données en la cité d'Arras, le 18ᵉ iour de Mars de l'an de Grâce 1477 „ créa " un Souverain Parlement de Bourgogne à Dijon„, et ce " pour le soulagement des dictes gens de Bourgogne, lesquels aux cas Royaux debuoient venir plaider au Parlement de Paris „. (Voyez ANDRÉ FAVYN. Ouvr. cité, p. 940-943).

(2) *La vraye et parfaite Science des Armoiries, ov l'Indice de Fev Maistre* LOVVAN GELIOT, Aduocat au Parlement de Bourgongne, etc. Avgmenté de nombre de termes, etc., par Pierre Palliot, Parisien, Imprimeur du Roy, etc. Paris, Helie Josset, MDCLXI, p. 500.

XXXI

En ce qui nous concerne, nous ne croyons pas du tout que l'Ordre de la Toison d'Or a été institué uniquement pour célébrer la chevelure rutilante de la belle van Crombrugghe; mais nous pensons que, si la Religion et le soin du gouvernement de la Chose publique furent les primes et austères causes de cette Institution illustre, elle eut son côté joyeux et galant. Et comme, en ce monde, les puissants surtout s'amusent assez souvent à

Passer du grave au doux, du plaisant au sévère,

nous trouvons qu'il n'y a pas à se gendarmer de ce que Philippe de Bourgogne a accompagné une chose sérieuse d'un gros rire égrillard.

C'étaient les mœurs du temps, et les délicats sont mal venus à s'en scandaliser.

Le célèbre Ordre de la Jarretière lui-même n'eut-il pas — près d'un siècle avant l'Institution de la Toison d'Or — une cause galante et toute féminine ?

" L'Ordre de la Jarretière auoit Sainct Georges pour Patron, l'Amour pour Subiect et la Deuise Françoise. D'autant qu'Edouard estant feru de l'Amour de la Belle Alix Comtesse de Sarisbery, vn Jour deuisant auec elle, la Jarretière Gauche (de Soye bleue) de ceste Dame estant tombée sur son Patin, Edouard, prompt à seruir sa Dame et la releuer, leua quant et quant la Chemise si haut, que les Courtisans l'ayans veue, ne se peurent tenir de rire. La Dame reprimanda le Roy de ceste priuauté faicte deuant des Gens qui ont bonne Caue et mauuais Cellier, et se plaisent autant à la Mesdisance, qu'ils se repaissent de vaines conceptions. Edouard pour couurir son Honneur ferma la Bouche à tous par ces mots François: Honny soit qui mal y pense (1). „

Et poursuivant avec hauteur, le Monarque anglais ajouta : " Tel qui s'en rit aujourd'hui, demain s'honorera de la porter. „ Et il institua sur-le-champ l'Ordre royal de la Jarretière, dont le Souverain est le Chef et qui ne compte que XXVI Membres (1347) (2).

Les princes et grands seigneurs du Moyen Age étaient violents, féroces et joyeux ; quelquefois sinistrement hilares, souventes fois gauloisement sérieux ; mais le " Cherchez la femme „ étant éternellement vrai, surtout quand il s'agit de monarques et des grands de ce monde, nous ne voyons rien d'étrange à ce que la folle toison de Nourmahal-la-Rousse ait été sinon la cause, au moins une des causes d'une haute et grave institution politique.

Que si, néanmoins, les gens timorés s'obstinent à s'effaroucher, ils n'ont qu'à consulter quelques vieux héraldistes. Et quand " ces vieils aucteurs leur auront démontré à quelles causes l'escu des nobles damoiselles debvait havoir forme de lozange ou d'ovale „, ces dites gens timorés n'auront plus aucun motif pour se scandaliser avec Chifflet (3) et mettre en doute ce que racontent Favyn et Geliot.

---

(1) André Favyn. *Theatre d'Honnevr*, etc. Tome II, Livre V, p. 1039-1040.
(2) Edouard III d'Angleterre était fils d'Edouard II et d'Ysabel de France. " Tison ardent de ce Royaulme. „
(3) Jules Chifflet, fils de Jean-Jacques, jurisconsulte distingué, auteur du *Breviarium ordinis Velleris aurei* (1614-1679).

XXXII

Hanotin de Flandre, alias Jean sans Peur, n'a pas eu, comme son fils Philippe, la charge d'une si encombrante kyrielle de sémillantes bayadères. Il n'eut que deux maîtresses, dont l'une, Agnès de Croy, fut célèbre par sa beauté. Elle lui donna un fils, Messire Jean de Bourgogne, un singulier apôtre, qui devint Evêque de Cambrai et qui — si on en croit la Chronique du temps — fut encore plus prolifique que son illustre frère consanguin. En effet, il se donna des maîtresses à la queue-leu-leu et n'eut pas moins de quinze bâtards (1).

Rien d'étonnant, du reste, à ce qu'une de Croy eut, par ses charmes, conquis le cœur du puissant Comte de Flandres. La beauté est de tradition parmi les femmes de cette illustre et aristocratique Maison, et l'art nous a transmis l'image de quelques-unes de ces très grandes Dames.

Antoine Van Dyck nous a laissé le portrait de Marie-Claire

---

(1) On dit même qu'un jour il se fit servir la messe par trente-six fils et petits-fils naturels : diacres, sous-diacres, porteurs de mitre, de crosse, de flambeaux, de sonnettes, etc. Mœurs étranges et étrange serviteur de l'Eglise à côté de qui " le lac d'amour „ de son frère Philippe est une innocente plaisanterie ! Mais combien tout cela prouve les luttes que l'Eglise eut à soutenir pour établir sa discipline et diriger les puissants et hauts seigneurs que les circonstances et le despotisme politique l'obligeaient à revêtir de la dignité sacerdotale !

Du reste, un siècle plus tard (1554), Odet de Chastillon, un chaud et tendre ami de Maître François, fit mieux encore. Frère de l'Amiral de Coligny, il devint cardinal à dix-huit ans (1533), se fit protestant en 1554 et, la même année, se maria en robe rouge, en costume cardinalice, avec Elisabeth de Hauteville, que, depuis lors, on n'appela plus que *Madame la Cardinale*. Cet original, aussi prudent que tapageur, se réfugia en Angleterre et y mourut paisiblement en 1571, à l'âge de cinquante-six ans.

Après cela, si les naïfs veulent pousser des cris de paon devant l'inoffensive gauloiserie de Philippe le Bon, c'est bien leur affaire !

de Croy, femme en secondes noces de Messire Philippe-François de Croy, Duc d'Havré, Vicomte de Langle, Seigneur de Tourcoing. C'est une œuvre de grande allure, digne de l'artiste illustre qui l'a produite (1), et qui, ce nous semble, doit dater de 1620, quand notre Antoine était en pleine fougue de jeunesse et de génie.

N. De Keyzer, lui aussi, nous a laissé une œuvre charmante, qui date de 1875 et qu'il a intitulée : *Les Princesses de Croy*. Ces trois jeunes filles, — une rousse, une noire et une blonde, — réunies en un groupe plein d'abandon, ayant à leurs pieds Lapnock, leur beau lévrier du Nord, prouvent que les Dames de Croy n'ont pas démérité de leur antique renom de grâces et d'élégance. Toutes trois sont ravissantes; mais la blonde surtout, celle qui se trouve à la senestre du tableau, est d'une idéale beauté. Pour peu qu'Agnès de Croy lui ait ressemblé, on s'explique facilement l'attrait que la dite Agnès exerça sur le redoutable Jean sans Peur, et l'on comprend sans peine que, dans la Maison de Bourgogne en particulier, comme dans l'Histoire du monde et des empires en général, les femmes ont eu un rôle certain et prépondérant.

---

(1) Ce portrait a été gravé par Conrard Waumans et imprimé par Jean Meysens. Sous le portrait, on lit l'inscription suivante, relevée littéralement: *Maria Clara de Croiio, Dux Havreana Croyanaq. Princeps S. Imperii, Sovveranea et Baronissa Fenestrangiæ et Coslæ, Comes Fontenoiiæ*, etc. Au bas du portrait : Antonius Van Dyck pinxit. Conraerdus Waumans sculpsit. Joannes Meysens excudit. (Voir : *Livre contenant la généalogie*, etc. Portraits. Ouvr. cité.)

XXXIII

Quand il institua son Ordre fameux, Philippe II de Bourgogne portait :

Escartelé : Au premier et dernier, *d'azur à III fleurs de lys d'or, à la bordure componée d'argent et de gueules*, qui est Bourgogne moderne; au deuxième, parti : à dextre, *bandé d'or et d'azur de VI pièces, à la bordure de gueules*, qui est Bourgogne ancien; à senestre, *de sable, au lyon rampant d'or*, qui est de Brabant; au tiers, parti : à dextre, *l'escu de Bourgogne ancien*, comme plus hault dict; à senestre, *d'argent, au lyon rampant de gueules*, qui est de Limbourg. *Un escu d'or, au lyon rampant de sable*, qui est de Flandres, *sur le tout*.

Les Armes timbrées d'un casque d'or à IX grilles, de face, ou d'une couronne ducale à VIII et même à XII fleurons.

Ces Armes, nous les avons trouvées non seulement dans de nombreux documents héraldiques, mais encore sur un précieux panneau gothique, maladroitement retouché, de l'École de Van Eyck, — un Dirk Bouts, dit Stuerbout, paraît-il (1).

Elles accompagnent, à senestre, le portrait d'un homme de trente-cinq à quarante ans, à la figure rasée, distinguée et douce, vêtu d'une robe et coiffé d'un bonnet écarlates, — costume du premier jour des Chapitres de la Toison d'Or, — et portant au cou le superbe Collier d'Or de l'Ordre. Ce portrait est, incontestablement, celui de Philippe le Bon.

---

(1) Dirk Bouts, dit le Vieux, ou Thierry de Haerlem (1391-1475). Il ne faut pas le confondre avec *Hubert Stuerbout*, peintre de la ville de Louvain, avec lequel pourtant il était en relation, mais avec lequel il n'avait pas de rapport de famille. Dirk était de la pure école de Jean Van Eyck et avait connu Hans Memelinck.

En effet, il rappelle le type de la splendide Miniature de la Chronique du Hainaut (1) et celui du Livre de lordre du Thoison dor (2), et ne peut être ni le portrait du Téméraire, ni celui de Maximilien d'Autriche, ni celui de Philippe le Beau, ni celui de Charles-Quint. Le Téméraire, il est vrai, portait les mêmes Armes que son père; mais il avait le nez plus court, le maxillaire inférieur plus proéminent, le facies plus énergique et plus décidé que celui-ci (3). Et quant à Maximilien, son fils et son petit-fils, ils avaient d'autres Armes et une autre physionomie.

Ce portrait, — inconnu et inédit, croyons-nous, — fait partie de la galerie de M. J. De Meyer, Agent du Trésor à Arlon, qui nous a gracieusement autorisé à reproduire par la gravure cette œuvre rare de l'art gothique. C'est une bonne fortune et pour nous et pour nos bienveillants lecteurs, et nous lui en exprimons ici derechef toute notre reconnaissance.

Le cri de guerre de Philippe était :

Mon joie au noble duc! ou bien : Monjoie St Andrieu !

Sa devise :

Aultre n'aray,
ie l'ay emprins (4).

(1) *La Chronique du Hainaut.* M S. de la Bibliothèque de Bourgogne, n° 9242.
(2) *Le livre de lordre du Thoison dor.* M S. de la même Bibliothèque, n° 9080. Il porte la date de 1559 et présente au folio primo l'annotation suivante :
" La Premiere creation et institutio de Lordre du thoison dor en La Ville de Bruges, le x° iour de Januier Mil iiii^c xxix furent denommez par tres hault, tres excellent et tres puissant prince Mon^r Le duc Phle de bourg^{ne}, chef et souuerain. du d ordre seulement xxiiii chlrs combien q La d institution y eust de auoir trente sans Le d chef desquelles Les noms surnoms et blasons cy apres s ensuyuent. „
(3) Voir son portrait par R. Van der Weyden. Bruxelles. Musée des Anciens, n° 55.
(4) La devise du Téméraire était : ie l'ay emprins ! sa devise de guerre, qui le dépeint tout entier : ainsi ie frappe !

Aultre n'aray! Oui-da! Cette devise valait le bon billet que la belle Ninon, deux siècles plus tard, délivra de sa blanche main à son bon ami La Châtre! Aultre n'aray! il en eut d'autres, le magnifique Seigneur, sans les compter, et sans souci de la Duchesse Ysabeau. Il paraît, du reste, que " la haulte et puissante dame „ ne s'en préoccupa guère et qu'elle lui rendit philosophiquement la pareille. Si on en croit les Chroniques du temps, elle oublia les infidélités de son Seigneur Duc entre les bras du beau et séduisant Jean de Heinsberg, Prince-Évêque de Liége, et les mauvaises langues ne se gênaient pas pour proclamer, sous le manteau, que Charles le Téméraire était bien plus le fils du magnifique prélat, que du volage Bourguignon.

Les Dinantais même poussèrent l'audace jusqu'à traiter publiquement le Comte de Charolais de " bastard de l'Évesque „, — ce qui leur valut l'épouvantable sac, les cruels massacres et les atroces noyades auxquels le *bon* Duc et son *doux* héritier les soumirent avec une barbarie raffinée (1466-1467).

La gente Ysabeau, qui, elle, et mieux que tout autre, devait savoir ce qu'il y avait de vrai dans la filiation du Téméraire, racheta ses fredaines par la fondation d'œuvres pies. Elle fonda, entre autres, en suite d'une autorisation accordée par Bulle papale, en date du 5 Novembre 1457, un couvent de Dominicains à Bruxelles même, où ces Pères — fixés dès le xive siècle à Auderghem — n'avaient encore aucun établissement. L'édification du couvent sur l'emplacement de l'hôtel de Rummen *(aujourd'hui Théâtre et Place de la Monnaie)* — acquis, en 1463, par la Duchesse Ysabeau — fut commencée à la fin de la dite année 1463, comme l'indique une inscription relevée dans les MONUMENTA SEPULCRALIA de Sweertius :

INCARNATIONIS ANNO MCCCCLXIII,
XVI DECEMBRIS, CONVENTUS ISTE CEPIT INITIUM (1).

XXXIV

Philippe le Bon — qui, et pour cause, n'avait guère les sympathies des gens de France (2) — institua L'ORDRE DE LA THOISON D'OR, à Bruges, le 10 Janvier 1429, à l'occasion de son mariage avec Ysabeau de Portugal.

Ysabeau était fille de Jean Ier, Roi de Portugal, qui, lui, était le Bastard du Roi Dom Pedro et de Donna Thereza Gallega.

C'était la troisième fois que l'illustre Duc s'avisait de prendre femme, ayant été marié, en premières noces, avec Michelle de France, fille du Roi Charles VI, en deuxièmes noces, avec Bonne d'Artois, Veuve de Philippe de Bourgogne, Comte de Nevers et de Rétheil.

De ces deux Princesses, n'eut lignée qui vécut, et ce fut Ysabeau qui se chargea de perpétuer le nom. Elle lui donna trois fils :

A. *Antoine*, né à Bruxelles, le 30 Septembre 1430 ;

B. *Josse*, né à Gand, le 14 Avril 1432 ;

C. *Charles*, né à Dijon, " le lendemain de St Martin d'Hyver » (12 Novembre 1433).

---

(1) ALEX. HENNE et ALPH. WOUTERS, *Histoire de la Ville de Bruxelles*, 3e vol., p. 205. Bruxelles, Perichon, 1845.

(2) " Philippes Deuxiesme du nom, Troisiesme Duc de Bourgongne, surnommé le Bon par les siens (car ce fut le fléau et le plus cruel ennemy de la France, laissant pour héritier de ses biens et de sa rancune Charles dit le Guerrier, dernier Duc de Bourgongne, ennemy capital d'icelle). „ (ANDRÉ FAVYN. Ouvr. cité, p. 936.)

Antoine et Josse moururent en bas âge, et de ces trois enfants, ce fut le cadet qui succéda à la fortune du père.

L'Ordre de la Thoison d'Or fut institué par Acte ducal, et dans les termes suivants :

" Philippes, par la Grace de Dieu, Duc de Bourgongne, de Lothreic, de Braban, et de Lembourg, Comte d'Artois, Palatin de Bourgongne et de Namur, Marquis du Sainct Empire, Seigneur de Salins et de Malines, Scauoir faisons à tous présents et aduenir. Que povr la Grande et parfaicte amitié que nous portons au noble Estat de Cheualerie, l'honneur duquel nous prétendons aduencer et accroistre, à cause que par l'Ordre de Cheualerie la vraye foy Catholique, l'Estat de nostre Mère Saincte Eglise, le repos, et la tranquillité du Public peuuent estre défenduz et maintenuz. A la Lovange de Nostre Seigneur, et en reuerence de sa glorieuse Mère La Vierge Marie, et à l'honneur de Monseigneur Sainct Andriev nostre Patron, Apostre et Martyr de Jesvs Christ Nostre Savveur, pour l'exaucement de la Saincte Foy et seruice de l'Eglise Catholique, et pour esguillonner vn chacun a viure bien et vertueusement, Le Dixiesme dv mois de Janvier en l'An de nostre Seigneur Mille quatre cents vingt et nevf, qui fut le Jour du mariage solemnisé entre Nous et nostre très-chère Épouse Ysabel de Portvgal, en nostre ville de Bruges, auons ordonné, receu, et créé, ordonnons, receuons, et créons l'Ordre et Fraternité de Cheualiers en certain nombre, que nous voulons estre dicts et nommez de la Toison d'Or, sous la forme, conditions, statuts et manières qui s'ensuiuent.

„ En premier Liev voulons qu'il y ait Trente Chevaliers

tous Gentils-hommes de Nom et d'Armes, et sans aucune tache ou repréhension, duquel nombre nous serons le Chef durant nostre vie, et nos Successeurs après Nous (1). „

Mais ce premier Acte ducal instituant l'Ordre, n'en désignait pas les membres. Il fut suivi, quelque temps après, d'un Acte plus étendu, — vraiment remarquable par la générosité de vues, l'élévation des idées, la noble simplicité de l'expression, — qui, comblant cette lacune, nommait les premiers Chevaliers de l'Ordre nouveau, dont le Premier Chapitre se tint en l'Église Saint-Pierre de Lille, le jour de la saint André (30 Novembre 1430).

" Or, oyez princes et princesses, seigneurs, dames et damoiselles, chevaliers et escuyers : Tres hault, tres excellent, et tres puissant prince, monseigneur le duc de Bourgogne, comte de Flandres, d'Arthois et de Bourgongne, Palatin de Namur, ce fait à scavoir à tous, que, pour la révérence de Dieu, et soutènement de nostre foi chrestienne, et pour honorer et exhausser la noble Ordre de Chevalerie, et aussy pour trois causes cy-après déclarées : la première, pour faire honneur aux anchiens chevaliers, qui, par leurs nobles et haults faicts sont dignes d'estre recommandés ; la seconde, adfin que ceulx qui de present sont puissants et de force de corps, et exercent tous les jours les faicts appartenans à chevalerie, aient cause de les continuer de bien en mieulx ; et la tierce, adfin que les chevaliers et gentilshommes qui verront porter l'Ordre, dont cy-après sera toutte honneur à ceulx qui la porteront, soyent meus de eulx employer en

---

(1) ANDRÉ FAVYN. Ouvr. cité. Tome II, Livre IV, p. 944.

nobles faicts, et eulx nourrir en telles moeurs que par leurs vaillances ils puissent acquérir bonne renommée et desservir en leur temps d'estre esleus à porter la dicte Ordre : mon dict Seigneur le Duc a emprins et mis sus une ordre qui est appelée la Toison d'Or. Auquel, avec et en oultre la personne d'yceluy Monseigneur le Duc, a vingt-quatre chevaliers, gentilshommes de nom et d'armes, et sans reproches, nés et procréés en léal mariage; desquels la déclaration des noms et surnoms se ensuivent; c'est à scavoir nos très chiers et féaulx :

„ Messire Guillaume de Vienne, seigneur de Sainct-Georges et de Saincte-Croix, nostre cousin;
„ Messire Regnier Pot, seigneur de Prugne et de la Roche de Noulay;
„ Messire Jehan, seigneur de Roubaix et de Herzeilles;
„ Messire Rollant d'Wtkerke (1), seigneur de Hemsrode et de Henstruut;
„ Messire Anthoine de Vergy, comte de Dampmartin, seigneur de Champlite et de Rigney, nostre cousin;
„ Messire David de Brimeu, seigneur de Ligny;
„ Messire Hues de Lannoy, seigneur de Santes;
„ Messire Jehan de Commines ;
„ Messire Jehan de Toulonjon, seigneur de Traves et de la Bastie, Mareschal de Bourgongne;
„ Messire Pierre de Luxembourg, comte de St Pol, de Conversan et de Brienne, seigneur d'Enghien, nostre cousin;
„ Messire Jehan de la Tremouille, seigneur de Jonvelle, aussi nostre cousin ;

(1) Le MS. de la Bibliothèque de Bourgogne, intitulé : *Liure de lordre du Thoison d'or*, portant le n° 9080 et la date de 1559, dit Roland Dunkerke, au lieu d'Uytkerke.

„ Messire Guilbert de Lannoy, seigneur de Villerval et de Tronchiennes;

„ Messire Jehan de Luxembourg, comte de Ligny, seigneur de Beaurevoir et de Bohain, nostre cousin;

„ Messire Jehan de Villers, seigneur de l'Isle-Adam;

„ Messire Anthoine de Croy et de Renty, nostre cousin;

„ Messire Florimont de Brimeu;

„ Messire Robert, seigneur de Masmines;

„ Messire Jacques de Brimeu;

„ Messire Baulduin de Lannoy, dit le Beghe, seigneur de Molembaix;

„ Messire Pierre de Beffremont, seigneur de Charny;

„ Messire Philippe, seigneur de Ternant et de la Motte;

„ Messire Jehan de Croy, seigneur de Tour-sur-Marne, nostre cousin;

„ Messire Jehan, seigneur de Créquy et de Canaples (1).

„ Auxquels chevaliers dessus nommés mondict seigneur donne à chascun d'eulx un collier faict de fusilz (2), auquel

---

(1) Cela ne fait — le Chef de l'Ordre non compris — que vingt-trois chevaliers; le vingt-quatrième était Jehan, Seigneur de Neuf-Chastel et de Montagu, qui fut " depis jugé hors de L'ordre „. (Voir *Liure de lordre du Thoison dor*, M S. cité supra.) Il fut remplacé " à la première feste chapre de lordre du Thoison dor tenu à Lille en Legle S^t pierre a la S^t andrieu, 1431 (*) „, par Messire Simon de Lalaing, prisonnier. (Voir même M S.)

(2) Le Fusil — de l'italien *focile*, qui vient lui-même de *focus*, âtre, foyer, et de φώγω, ardre ou arder, brûler — était un *briquet* ou pièce d'acier avec laquelle on bat un caillou pour en faire jaillir des étincelles. Par synecdoque, ce briquet, appliqué à l'arme à feu, inventée fin du xive siècle, lui donna son nom. Le Briquet, le *foisil* ou *fusil* — engin qui fait *fuser* — avait la forme d'un B majuscule, lettre initiale de Bourgogne. C'est sans doute pour ce motif que Philippe le Bon introduisit le *fusil* comme ornement dans le collier de la Toison d'Or. La devise de l'Ordre était : *Pretium non vile laborum*; celle du collier lui même : *Ante ferit quam flamma micat.*

(*) Doit être 1430, au lieu de 1431. (Conf. supra.)

pend la Thoison d'Or ; et est l'intention de mondict seigneur le Duc de faire briefvement les ordonnances appartenans à la dicte Ordre (1). „

Les Armes de ces Vingt-quatre premiers Chevaliers de l'Ordre étaient placées jadis au-dessus des stalles du chœur de l'Église Notre-Dame à Bruges.

Ces Seigneurs portaient, selon le M S. de la Bibliothèque de Bourgogne, n° 9080 :

I. Guillaume de Vienne :
> *De gueules, à l'aigle d'or esployée.*
> Devise : Tost ou tard vienne.

II. Regnier Pot :
> Escartelé : aux premier et dernier, *d'or, à la fasce d'azur;* aux deuxième et tiers, *eschiqueté d'or et de gueules, chargé de deux badelaires de sable garnies d'or, posées en bande.*
> Devise : A la belle.

III. Jehan de Roubaix :
> *D'hermine, au chef de gueules.*
> Devise : ...

IV. Rollant d'Wtkerke :
> *D'argent, à la croix de sable, chargée de V coquilles d'or.*
> Devise : ...

V. Anthoine de Vergy :
> *De gueules, aux III quintefeuilles percées d'or, à la bordure d'argent.*
> Devise : Sans varier.

---

(1) Baron de Reiffenberg, *Histoire de l'Ordre de la Toison d'Or*, depuis son institution jusqu'à la cessation des Chapitres généraux, etc. — Bruxelles, Fonderie et Imprimerie normales. MDCCCXXX. 1 vol. in-4°, p. xxii.

VI. David de Brimeu :

Escartelé : aux premier et dernier, *d'argent, aux III aigles, esployées de gueules, membrées et becquées d'azur*, qui est de Brimeux ; aux deuxième et tiers, *d'argent, à la bande de gueules.*

Devise : Quand sera-ce ?

VII. Hugues (Hues) de Lannoy :

D'argent aux III lyons de sinople, deux en chef, un en poincte, à la bordure engrellée de gueules.

Devise : ...

VIII. Jehan de Commines :

De gueules, au chevron d'or, accompagné de III coquilles d'argent, deux en chef, une en poincte.

Devise : Sans mal.

IX. Jehan de Toulonjon :

Escartelé : aux premier et dernier, *d'argent, aux III jumelles* (1) *de gueules;* aux deuxième et tiers, *de gueules, aux III fasces ondées d'or.*

Devise : ...

X. Pierre de Luxembourg :

D'argent, au lyon rampant de gueules, à la queue fourchue en saultoir.

Devise : Vostre veuil.

XI. Jehan de la Tremouille :

D'or, au chevron de gueules, accompagné de III aigles esployées d'azur, II en chef, une en poincte, à la bordure de gueules.

Devise : Ne m'oubliez.

(1) III jumelles formant, bien entendu, VI burelles.

XII. Guilbert de Lannoy :
> D'argent, aux III lyons de sinople, II en chef, un en poincte, qui est de Lannoy ; chargé, en cœur, d'un escusson d'argent, à III jumelles d'azur.
>
> Devise : Vostre plaisir.

XIII. Jehan de Luxembourg :
> D'argent, au lyon rampant de gueules, à la queue fourchue en saultoir, qui est de Luxembourg ; chargé en chef d'un lambel d'azur, à III pendants.
>
> Devise : Nemo ad impossibile tenetur.

XIV. Jehan de Villers :
> D'or, au chef d'azur chargé d'une dextrochère au naturel emmanchée d'argent, ornée d'un pendant d'hermine sur le tout.
>
> Devise : Va oultre.

XV. Anthoine de Croy :
> Escartelé : aux premier et dernier, fascé d'argent et de gueules de VI pièces, qui est de Croy ; aux deuxième et tiers, d'argent, aux III doloires de gueules, II adossées en chef, une en poincte, qui est de Renty ;
>
> Devise : Souvenance.

XVI. Florimont de Brimeu :
> D'argent, aux III aigles de gueules, membrées et becquées d'azur.
>
> Devise : Aultre foys mieulx.

XVII. Robert de Masmines :
> D'azur, au lyon rampant d'or, à la queue fourchue.
>
> Devise : ...

XVIII. Jacques de Brimeu :
> D'argent, aux III aigles de gueules, membrées et becquées d'azur.
>
> Devise : Plus que toutes.

XIX. Baulduin de Lannoy :

    D'argent, aux III lyons de sinople, II en chef, un en poincte, qui est de Lannoy, *chargé, en cœur, d'un escusson d'argent, à III jumelles d'azur.*

    Devise : Bonnes nouvelles.

XX. Pierre de Beffremont :

    Escartelé : aux premier et dernier, *de gueules, aux III quintefeuilles percées d'or ;* aux deuxième et tiers, *vairé d'argent et d'azur de III tires séparées par II burelles de gueules; un escusson de gueules aux III escussons d'argent, II en chef, un en poincte, sur le tout.*

    Devise : Plus deuil que joye (1).

XXI. Philippe de Ternant :

    Eschiqueté d'or et de gueules.

    Devise : ...

XXII. Jehan de Croy :

    Escartelé : aux premier et dernier, *de Croy;* aux deuxième et tiers, *de Renty;* un escusson *écartelé,* aux premier et dernier, *lozangé d'or et de gueules,* qui est de Craon ; aux deuxième et tiers, *d'or, au lyon rampant de sable,* qui est de Flandre, *sur le tout.*

    Devise : Soubvienne-vous.

XXIII. Jehan de Créquy :

    D'or, au crequier de gueules.

    Devise : Nul ne s'y frotte.

---

(1) La devise de sa maison était : Dieu ayde au premier chrestien. On les appelait : Les bons barons.

XXIV. Simon de Lalaing, seigneur de Santes et de Montigny :
De gueules, aux X lozanges d'argent posés en pal, 3, 4, 3; le lozange en chef de dextre, chargé d'un lyon de gueules, qui est de Barbançon (1).

Devise : ...

XXXV

Les Ordonnances étaient minutieuses et sévères, et propres à tenir l'Ordre dans l'étroit sentier de l'honneur et de la vertu.

L'Ordre était exclusif et se portait seul, à moins qu'on ne fût titulaire d'un autre Ordre impérial, royal ou ducal souverain (Art. 2).

L'hérésie (Art. 14), la trahison (Art. 15), la lâcheté, surtout celle d'avoir fui d'un champ de bataille (2) ou de n'y avoir pas été présent quand on en avait été régulièrement requis (Art. 16), faisaient exclure de l'Ordre (3).

Cependant, vers la fin du xvie siècle déjà, l'hérésie ne fut plus considérée comme une cause d'exclusion, et l'on vit cet Ordre — établi en tout premier lieu *A la lovange de nostre*

---

(1) Les Armes de Jehan de Neuf-Chastel, qui fut " depuis iugé hors de L ordre „, étaient :
    Escartelé : aux premier et dernier, *de gueules, à la bande d'argent*; aux deuxième et tiers, *de gueules, à l'aigle esployée d'argent.*
    Devise : Fier de Neuf-Chastel.

(2) Ce fut le cas de Jean de Neuf-Chastel, exclu de l'Ordre, au premier Chapitre (30 Novembre 1430), pour avoir pris la fuite à la bataille d'Anthon. Et cependant, si on en croit Saint-Remy, il paraît que ce fait n'était rien moins que prouvé. (Bon de Reiffenberg. Ouvr. cité, p. 6-7.)

(3) *Le Blason des Armoiries de tous les Chevaliers de l'Ordre de la Toison d'Or*, &^a, par J.-B. Maurice, heraut et roi d'Armes de S. M. C. La Haye et Bruxelles, 1667, in-f°, figg. Ordonnances.

Seigneur, en reuerence de sa glorieuse Mère la Vierge Marie, pour l'exaucement de la Saincte Foy et service de l'Église Catholique — briller sur la poitrine indigne de princes hérétiques, persécuteurs de l'Église, négateurs de sa Doctrine, spoliateurs de ses Autels.

Il en fut de même pour la condition d'être *né et procréé en léal mariage*. Dès le principe, les bâtards de haute marque furent reçus dans l'Ordre. C'est ainsi que Jehan, bâtard de Luxembourg (30 Novembre 1433) ; Anthoine, bâtard de Bourgogne, Comte de la Roche en Ardenne, fils de Philippe le Bon et de Jeanne de Presle (12 Mai 1456); Jacques, autre bâtard de Philippe (Mai 1468), prirent rang dans l'Ordre, encore que nés et procréés en dehors de ce *léal mariage* exigé par le Statut d'érection. Le premier portait sur ses Armes — Maison de Luxembourg — *la barre de sable;* les deux autres sur les leurs — Maison de Bourgogne — *la barre de gueules* (1), et c'était tout.

Il est vrai que, si la bâtardise peut être blâmable chez le père, elle ne saurait constituer une infamie pour l'enfant : la naissance peut être irrégulière, elle ne rend pas indigne. L'Histoire, à chaque page de ses annales, nous démontre que cette grande loi sociale : la propagation de l'espèce, la constitution de la famille, même en dehors de certaines combinaisons civiles, et la tendresse naturelle du père pour l'enfant de ses œuvres, a toujours triomphé des convenances mondaines, des orgueils de caste et des iniquités de la loi positive. Aussi, le nombre des bâtards illustres et acclamés est incalculable; depuis Salomon, fils de David et de Bethsabée, jusqu'à Cæsar de Vendosmes, fils de Henri IV et

---

(1) Voir : *Liure de lordre du Thoison dor.* M S. cité.

de la belle Gabrielle d'Estrées, sans oublier ni Guillaume le Conquérant, fils de Robert le Diable et de la jeune Arlette, la superbe blanchisseuse de Falaise, en Normandie, ni cet homme illustre et vraiment supérieur qui s'appelait Karl Magne et qui, par son aïeul Karl Martel, avait du sang de courtisane dans les veines.

Du reste, à une époque de thèses théologiques et de luttes pour la Foi, la présence de bâtards dans l'Ordre devait moins le déconsidérer, que celle d'hérétiques et de parpaillots, même les plus haut placés.

" Philippe le Bon ordonna qu'aux trois iours de la solennité du patron de l'Ordre (Saint André), les cheualiers fussent vestus différemment : le premier d'escarlatte, pour leur donner à cognoistre que le ciel s'acquiert par l'effusion du sang pour le maintient de l'Église catholique ; le deuxiesme, de noir, representant le deuil des Trespassés desquels ils deuoient auoir memoire pour les soulager de leurs prières ; et le troisiesme de damas blanc, pour marquer la pureté en laquelle ils deuoient viure (1). „

L'Ordre eut d'abord vingt-quatre, puis trente Chevaliers, non compris le Chef-Grand-Maître, et, en outre, quatre dignitaires importants : le Chancelier, le Trésorier, le Greffier et le Hérault d'Armes.

---

(1) Lovvan Geliot. Ouvr. cité, p. 500.
Ces trois émaux, de gueules, d'argent et de sable, sont devenus les couleurs de l'Empire.

XXXVI

Le Chef était le Souverain de la Maison de Bourgogne, et fut tour à tour :

Philippe le Bon ;
Charles le Téméraire ;
Maximilien d'Autriche ;
Philippe le Beau ;
Charles-Quint ;
Philippe II ;
Philippe III ;
Philippe IV ;
Charles II, son fils (1) ;
Philippe V.

Philippe V était fils du Dauphin de France et petit-fils de Louis XIV. Il fut appelé au trône d'Espagne par le Testament de Charles II, et fut ainsi la cause de la Guerre de Succession. C'est à lui que Louis XIV dit son mot fameux : " Allez, mon fils ! il n'y a plus de Pyrénées ! „

Le Traité d'Utrecht (1713) laissa la Maîtrise de l'Ordre à Philippe V, qui, avant son avènement au Trône, avait porté les titres de Duc d'Anjou et de Duc de Bourgogne. Cependant, la Maison d'Autriche ne voulut jamais céder son droit à la Maîtrise ; mais, le principe sauf, l'Ordre se confère, de bon accord et tour à tour, par les Empereurs d'Autriche et les Rois d'Espagne.

---

(1) Charles II, fils de Philippe IV, venant après Charles-Quint, qui, lui, vient après Charles le Téméraire, devrait être dénommé Charles III, au lieu de Charles II.

XXXVII

Le Chancelier avait la garde du scel et devait être prélat, Archevêque, Évêque ou dignitaire notable en Cathédrale ou Collégiale (Ordonnances, Art. 1er).

Dépositaire et gardien du scel, il devait en fixer l'empreinte sur les procès-verbaux et décisions de l'Ordre, les contresigner et leur donner ainsi la certitude et l'authenticité.

C'était, après le Grand-Maître, le premier dignitaire de l'Ordre.

XXXVIII

Le Trésorier " auoit en garde toutes Chartes, priuilèges, lettres, mandemens, escriptures, munimens et enseignemens touchant la fondation et les appartenances d'icelluy Ordre „ (Ordonnances, Art. 7). En outre " les Jojaux, Relicques, aournemens et vestemens d'Église, Tapisseries et Librairies appartenant au dit Ordre. Et avecq ce, la garde et gouuernement des manteaux d'Escarlatte appartenant au Souverain et Cheualliers „ (Ordonnances, Art. 7). Il tient également la caisse de l'Ordre (Ordonnances, Art. 9).

XXXIX

" Le Greffier devait être prebendier d'une en prebendes de l'Église, habile Clercq. Il deura auoir deux liures de parchemin en chascun desquels sera escripte la fondation du dit Ordre, les causes et les Ordonnances et Statutz d'iceluy. Et au commencement des dicts liures sera historié la Représentation du Fondateur et des XXIIII Premiers Cheualiers du dict cy-dessus nommez ; desquels liures l'vn sera attaché et achainé de fer au chœur de la dicte Église (1), deuant le siège du Souverain, et l'aultre sera aussi attaché et achaîné de fer au Chapitre deuant le siège d'iceluy Souverain. „ (Ordonnances, Art. 12.)

XL

" Le Roy d'Armes était appelé *Thoison d'Or prudent,* de bon renom, habil, et suffisant à l'office, auquel mon dict Seig^r Souuerain fera bailler ung esmail qui sera du dict Ordre, ou seront les armes du Souuerain, lequel esmail il portera tant qu'il viura. „ (Ordonnances, Art. 15.)

Après sa mort, les héritiers devaient restituer le dit émail, s'il n'était détruit " en aulcun voyage ou faict honorable, sans fraude „; auquel cas, les héritiers étaient quittes du dit émail et le Souverain était tenu d'en fournir un nouveau (Ordonnances, Art. 15).

" Le Roy d'Armes avait charge de porter ou faire porter les lettres du Souuerain aux frères de l'Ordre, et aultres où il les fauldra enuoyer ; signifier à iceluy Souuerain le Trespas des Cheualiers de l'Ordre quand le cas aduendra, porter ou faire porter lettres de élections aux Cheualiers esleuz, rapporter leur réponce. Et generalement de faire ou faire faire toutes aultres messageries et choses deuës, que par le dict Souuerain ou Officiers de l'Ordre lui seront ordonnées. „ (Ordonnances, Art. 16.)

---

(1) Église de Notre-Dame, à Bruges.

" Item, que le dit Roy d'Armes Thoison d'Or enquerra diligemments des prouesses, haultz faictz et honnorables du Souuerain et des Cheualiers de l'Ordre, dont il fera veritable rapport au greffier de l'Ordre, pour être mis en escript comme faire se debura. „ (Ordonnances, Art. 17.)

XLI

Les Pères du Concile œcuménique de Bâle, qui avait continué les travaux du Concile de Constance, approuvèrent hautement l'Ordre institué par Philippe de Bourgogne, et, le 4 Novembre 1432, ils adressèrent au deuxième Chapitre, tenu à Bruges le jour de Saint-André, une missive pleine de louanges et de flatteuses salutations :

" Nous osons donc vous proclamer, non tant soldats du monde que (soldats) de Jésus-Christ, pour l'amour de Qui, sous promesse et désir de défendre la foi très chrétienne, l'intégrité et la liberté de notre mère la Sainte Église, vous vous êtes engagés dans une telle confraternité. O hommes vraiment catholiques et dignes de l'Ordre des chevaliers ! O énergiques champions, Machabées ressuscités ! O ordre béni et sainte confrérie qui, par tous les temps, doivent être loués (1) ! „

---

(1) " Audemus etiam vos nuncupare non tantum milites mundi, sed Jesu Christi, pro cujus amore tali confraterniti nomen dedistis, sub promissione et desiderio fidem christianissimam defendendi, statumque et libertatem nostræ matris sanctæ Ecclesiæ. O homines vere catholicos et equestri ordine dignissimos ! O fortissimos pugiles et Machabæos resuscitatos ! O benedictum ordinem et sanctam sodalitatem quæ per omne tempus laudari debeat ! „ Lettre des PP. du Concile œcuménique de Basle, au deuxième Chapitre de l'Ordre de la Thoison d'or (4 Novembre 1432).

XLII

Or, cet Ordre fameux, que l'Église approuvait ; dans lequel devaient prendre rang Alphonse V, Roi d'Aragon, Henri VI et Édouard IV, Rois d'Angleterre, François Ier, Roi de France (1), l'Empereur Charles-Quint, les Rois d'Espagne, des Empereurs d'Allemagne, etc. ; qui, dans les temps modernes, a eu parmi ses membres Guillaume de Nassau, Roi des Pays-Bas, Léopold Ier et Léopold II, Roi des Belges ; cet Ordre, qui, d'abord, ne se composait que de vingt-quatre chevaliers, a, dès le principe, compté, parmi ses premiers titulaires, deux de Croy, — Anthoine et Jean, — leur beau-frère, — Hues de Lannoy, époux de Jehenne de Croy, — et David, Florimont et Jacques de Brimeu, leurs alliés de famille.

De plus, depuis 1430 jusqu'en 1667, parmi les quatre ou cinq cents Chevaliers renseignés par le Héraut et Roi d'Armes J.-B. Maurice, cet Ordre a compté vingt et un Membres de la dite famille de Croy.

Cela faisait, en moyenne, une nomination tous les dix ou onze ans. Aussi peut-on affirmer sans hésitation que jamais un Chapitre de l'Ordre ne s'est réuni sans que l'un ou l'autre représentant des Croy n'eût le droit d'y prendre sa place et son rang.

Ces vingt et un Chevaliers sont :

I

Anthoine, fils de Jean et de Marguerite de Craon, qui portait *les Armes pleines de sa Maison,* sans surcharge ni brisure, et dont sera, ci-après, parlé plus longuement (1430).

---

(1) François Ier portait les pleines Armes de France, *d'azur aux III fleurs de lys*

II

Jean, son frère, Seigneur de Tour-sur-Marne et premier Comte de Chimay (1430), qui portait *les Armes de sa Maison, l'escu de Craon brochant sur le tout.*

Ce Jean de Croy, " dict de la Houzette, pource qu'il portait ordinairement des bottes ou botines se délectant à la chasse et Faulconnerie (1) „, était un fervent disciple de Saint-Hubert.

On raconte, à ce propos, que les bourgeois de Couvin, fatigués et indignés des incursions et déprédations que l'infatigable chasseur commettait perpétuellement sur leur territoire, le firent tomber un jour dans une embuscade, s'emparèrent audacieusement de sa personne et, sans pitié, le mirent à l'ombre dans une des oubliettes de leur château. La captivité fut longue, cinq ans, dit-on ; elle eût pu être à vie, si le Ciel et le Grand Saint-Hubert n'étaient venus au secours du captif.

Un jour, un petit pâtre, du nom de Jeannot Basselaire, qui tirait des flèches aux oiseaux, manqua un ramier qu'il visait et vit son trait empenné filer dans une des meurtrières du château de Couvin. Le pastoureau ne fit ni une ni deux et grimpa le long du talus et du mur pour rattraper son engin de chasse. Mais, quand il plongea la main dans l'étroite ouverture de la muraille et voulut reprendre son bien, il se sentit pris en une vigoureuse et désespérée étreinte : sa flèche avait porté dans le cabanon où se morfondait le sire de Chimay. Le gamin, interloqué et épouvanté, voulut crier au secours ; mais le sire Comte lui imposa silence, le rassura, demanda à parler à son père et leur promit royale récompense s'ils savaient se taire et agir tous les deux. A l'aide de Jean Basselaire, le père de Jeannot, Jean de Chimay parvint à prévenir sa femme de sa captivité. La Comtesse de Chimay, née Marie de Lalaing, dame de Kieurain, — qui avait pleuré son époux comme s'il avait été au nombre des trépassés, — la Comtesse de Chimay accueillit le message avec transport. A l'instant, elle

---

d'or, deux en chef, une en pointe, entourées du collier de la Toison d'Or ; les Armes, timbrées d'un casque d'or, de face, à XI grilles, surmonté de la couronne royale ; lambrequins d'or et d'azur.

(1) Jean Schier. Ouvr. cité, p. 49.

assemble ses hommes d'armes et ses vassaux, se met à leur tête, franchit la courte distance qui la sépare de Couvin et somme les bourgeois de lui rendre son mari. Les bonnes gens de Couvin jouèrent l'étonné, jurèrent Dieu et les Saints ne connaître mie de cette affaire, se donnèrent l'air de s'enquérir de l'aventure, et finalement, et avec mille excuses et protestations, délivrèrent le sire de Chimay.

A peine libre, après avoir tendrement embrassé sa vaillante femme et remercié chaleureusement ses féaux et fidèles, le Comte de la Houzette retourna à Chimay. Il revint bientôt accompagné d'une redoutable artillerie, et, — encore que Couvin fut terre du Prince-Évêque de Liége, — à grands coups de canon merveilleusement dirigés, abattit sans hésiter le donjon qui l'avait si piteusement abrité et qui, depuis, ne fut plus relevé.

Et comme, dans le langage couvinois du temps, Couvin s'appelait *Couvé*, il dit d'un air narquois et satisfait, en face des ruines qu'il avait faites : *Couvé, Couvé! Couvé me has! adonc, ne me couveras pus !*

Telle est la légende, qui, comme toutes les légendes, doit avoir un fond de vérité.

Ce Jean de Croy, premier Comte de Chimay, fut mêlé, par la suite, à tous les troubles et à toutes les difficultés que le Téméraire suscita contre son frère Anthoine et son neveu Philippe. Or, en ces graves et pénibles circonstances, le Comte de la Houzette, en frère fidèle et oncle dévoué, ne fit pas défaut au besoin, aux dangers, à la vaillance de ses proches. Leur cause fut sa cause, et le Duc de Bourgogne dut compter avec lui comme avec les autres. Si que le dit Duc n'en recueillit guère que honte et vitupère.

III

Philippe, fils d'Anthoine et de Marguerite de Lorraine, qui portait *les Armes de la Maison accostées des Ruches et Mouches à miel,* et dont, comme de son père Anthoine, il sera, ci-après, parlé plus longuement (1461).

IV

Philippe, fils aîné de Jean, premier Comte de Chimay (Comte de la Houzette), et de Marie de Lalaing. Se distingua à la bataille de

Gavre contre les Gantois (1453) et " fut créé Chevalier de l'Ordre de la Thoison d'Or au XX° chapitre tenu en la ville de Valenchiennes, au cloistre de Saint-Pol, le II iour de May de l'an 1473 (1) „.

" C'estoit la plus roide lance de son temps et grand entrepreneur ès faictz d'armes, à cause de quoy fut nommé la Clochette de Haynault portant ès capparansons et accoustrements de ses cheuaulx rouges des clochettes ou campanes d'argent semées par iceulx (2). „

Envoyé par le Duc· de Bourgogne en ambassade vers Ferdinand d'Aragon, Roi de Sicile, il conquit les faveurs de ce puissant, ombrageux et perfide monarque, qui le traitait de *Illustrissime vir* et de *Amice nobis charissime,* et qui, par Lettres royales, lui donna " ses Armes à porter escartellées auecques celles des Croy „ (3).

La suscription de ces Lettres royales était : *Illustrissimo viro Philippo de Croy, de Aragonia, Comiti Simacensi, Amico nostro charissimo.*

Ce Philippe de Croy portait donc en suite de ces Lettres royales du 13 Avril 1475 : *escartelé :* au premier et dernier, *fascé d'argent et de gueules de VI pièces,* qui est de Croy; au deuxième et tiers, *d'or, à IV pals de gueules,* qui est d'Aragon; *l'écu de Craon brochant sur le tout.*

Il avait épousé Walburge de Mœurs, fille de Vincent, comte de Mœurs, et de Anne, fille d'Estienne, Duc de Bavière des Deux-Ponts. Mourut en 1482. Il était frère de Jacques, Évêque-Duc de Cambray, et de Michel, Seigneur de Sempy, ainsi que lui Chevalier de l'Ordre. (Vide n° VII.)

V

CHARLES, fils du Comte Philippe précédent et de Walburge de Mœurs. Il était Seigneur de Chimay, Wavrin, Lilliers-Saint-Venant. Malannoy, Escaussine, Marpon, Provi, Berbières, etc.

---

(1) JEAN SCOHIER. Ouvr. cité, p. 55.

(2) Id , Ibid.

(3) Cosentaneum duximus, vt vos et cognomine ipsius nostræ domus et armis ornaremus. Datum in Castello nouo Neapolis. XIII April. MCCCCLXXV.
                   Rex Ferdinand.

(JEAN SCOHIER. Ouv. cité, p. 54.)

" Fut allié par mariage à la très illustre Dame Louyse d'Albret, sœur aisnée du Roy de Nauarre, laquelle, au moyen de son mariage, apporta à la maison de Chimay les terres et seigneuries d'Avesnes et Landrecies et la visconté de Limoges (1). „

Si Anthoine de Croy, le robuste et tenace adversaire du Téméraire, fut en grande faveur à la Cour de Philippe le Bon, ce Charles de Croy, époux de Louyse d'Albret, fut peut-être en faveur plus haute à la Cour de Maximilien d'Autriche.

Celui-ci, par Acte souverain de 1486, érigea la terre de Chimay en principauté, et ce dans les termes suivants :

" MAXIMILIEN, la divine clémence nous étant favorable, Roi des Romains, de Hongrie, de Dalmatie, de Croatie, etc., Archiduc d'Autriche, Duc de Bourgogne, etc., Landgrave d'Alsace, etc., de par notre autorité Royale, notre propre mouvement, notre certaine science et dans la plénitude de notre puissance, au nom du seigneur notre Sauveur, de qui vient tout honneur et puissance, nous avons Elevé, Erigé, Institué et Créé, comme nous élevons, érigeons, instituons et créons, de par nos prédites autorité et puissance, le decrétant par notre présent édit royal, que toi, et tes Héritiers, et leurs successeurs légitimes de l'un et de l'autre sexe, nés et à naître de tes reins et des leurs, maintenant et en avant, pour les temps perpétuels, quand et aussi souvent que les cas se présenteront, vous puissiez être nommés, appelés et jouir du TITRE DE PRINCE ILLUSTRE DE LA DITE PRINCIPAUTÉ DE CHIMAY et (investis) des droits de donner et de recevoir, de conférer et d'accepter des fiefs, et dans tous autres (droits) concernant la condition et l'état des Princes illustres ; que vous puissiez et deviez être tenus, honorés et réputés, partout et par tous, comme jouissant, par privilège, de l'honneur, de la grâce, de la dignité et de l'immunité sur lesquelles, jusque maintenant, et selon le droit et la coutume, se sont appuyés les autres Princes Illustres du sacré Empire, nos droits, autorité et supériorité du sacré Empire, en choses essentielles, toujours saufs cependant. Mandons ainsi à tous et chacun Princès Ecclésiastiques et séculiers, Ducs, Marquis, etc.

(1) JEAN SCOHIER. Ouv. cité, p. 60. (N. B. Cette feuille 60 est mal paginée; elle devrait porter le chiffre 59, qui se trouve au verso de la dite page 60.)

„ Donné en notre impériale Cité d'Aix-la-Chapelle, sous l'appension, en témoignage de ces lettres, de notre Scel Royal, au jour même de notre Couronnement au dit Aix-la-Chapelle. An du Seigneur Mil-Quatre-cent-Octante-six, première Année de notre Règne Romain (1).„

Charles de Croy, premier Prince de Chimay, se distingua à la Journée de Guingate (1479) et " fut fait cheualier de l'Ordre de la Thoison d'or, au 26e chapitre d'iceluy, tenu en la Ville de Malines, l'an 1491, par Philippe Archiduc d'Autrice, entré en Gouuernement de ses pays estant hors de tutelle (2) „.

Il eut les relations les plus étroites, les plus intimes et les plus affectueuses non seulement avec Maximilien d'Autriche, mais encore avec son fils Philippe et son petit-fils Charles-Quint, dont il fut le parrain et à qui il donna son nom.

" L'an 1500 leua aux Saincts Fontz de Baptesme Charles V, Empereur, auquel donna son nom, et luy fit présent d'vng Heaulme

---

(1) " MAXIMILIANUS, Diuina fauente Clementia, Romanorum Rex ac Hungariæ, Dalmatiæ, Croaciæ, etc., Archidux Austriæ, Dux Burgundiæ, etc., Landgrauius Alsatiæ, etc., autoritate nostra Regali, motu proprio, et ex certa scientia, ac de plenitudine potestatis, in nomine domini Saluatoris nostri, a quo omnis honor et potestas prodire dinoscitur, Eleuauimus, Ereximus, Subleuauimus atque Creauimus prout eleuamus, erigimus, subleuamus et creamus auctoritate et potestate prædictis, decernentes et hoc regali nostro edicto, quod tu et Heredes tui ac eorum successores legitimi singuli vtriusque sexus, ex lumbis tuis et suis nati et nascituri, ex nunc et inantea, perpetuis temporibus quandocunque et quotiescûque casus se obtulerint TITULO PRINCIPIS ILLUSTRIS DICTI PRINCIPATUS DE CHIMAY frui nominari et appellari possitis ac in dadis et recipiēdis iuribus et in conferendis seu suscipiendis feudis, ac in omnibus alijs conditionem et statum Principum Illustrium concernentibus; teneri, honorari, et ubique ab omnibus reputari atque preuilegio, honore, gratia, dignitate et immunitate frui possitis et debeatis, quibus alij sacri Imperij Principes Illustres hactenus iure vel consuetudine freti sunt, nostris tamen et sacri Imperij iuribus auctoritate et superioritate in premissis semper saluis. Mandamus igitur omnibus et singulis Principibus Ecclesiasticis et secularibus, Ducibus, Marchionibus, etc.

„ Datum in Ciuitate nostra imperiali Aquisgrani sub Regalis nostri Sigilli appensione et testimonio litterarum, ipso die Coronationis nostræ Aquisgrani habitæ. Anno Domini Millesimo Quadringentesimo Octuogesimo sexto, Regni nostri Romani Anno primo *. „

(2) JEAN SCOHIER. Ouv. cité, p. 60.

* JEAN SCOHIER, Ouv. cité, p. 60.

d'or (présage de la dextérité future et loz immortel qu'a consuyui cest Empereur indomtable comme ses faicts et mémoire les tesmoignent (1). „

Passe pour " la dextérité „, car Charles de Habsbourg en eut ; mais, quant " au loz immortel qui l'a consuyui „, il n'est pas précisément ce qu'eût désiré cet illustre personnage, qui devait remplir le monde et du bruit de ses exploits et de l'éclat de sa renommée, et qui savait allier la froide cruauté espagnole à la rude ténacité flamande.

En effet, si l'Histoire a témoigné de ses succès, elle a consciencieusement enregistré ses infamies, et parmi celles-ci, la suivante :

Certaines pièces, découvertes vers 1850, aux Archives de Simancas par M. Bergenroth, un lettré allemand, ont jeté un singulier jour sur la bonne foi, l'honnêteté et la tendresse filiale de Charles-Quint. Sa mère Jeanne de Castille, fille de Ferdinand d'Aragon et d'Isabelle la Catholique et femme de Philippe le Beau, n'était pas folle au point qu'on l'a voulu faire accroire.

Elle fut la victime de l'orgueil de son père, de la rapacité de son mari, de l'ambition parricide de son fils ; car Ferdinand d'Aragon voulait ses biens et apanages, Philippe d'Autriche — qui la trompait et la battait comme un soudard brutal — voulait son argent et ses richesses et don Carlos d'Espagne voulait son autorité et sa puissance.

A la mort d'Isabelle la Catholique (Novembre 1504), Ferdinand déclara sa fille Jeanne incapable et se fit proclamer Régent à vie du Royaume de Castille. Et, comme son gendre Philippe lui disputait cette riche proie, il le fit tout simplement empoisonner, et, le coup fait, enferma la pauvre jeune veuve dans la sombre et solide forteresse de Torderillas. Or, don Carlos, devenu Roi d'Espagne, Chef de l'Empire et Maître de l'Occident et du Nouveau-Monde, don Carlos abandonna sa mère aux horreurs d'une Bastille ; et, pour pouvoir, du vivant de celle qui lui donna le jour, disposer librement de ses Etats et de son autorité à elle, il donna les ordres nécessaires pour ajouter aux tortures de la dégradante captivité où elle croupissait et où finit, probablement, par crouler la raison de la malheureuse créature.

(1) JEAN SCOHIER. Ouv. cité, p. 60.

Jeux de princes! que, d'ordinaire, les contemporains ignorent, mais que l'Histoire inscrit sur un faible et friable papyrus, auquel la Providence, presque toujours, donne l'*ære perennius* d'Horace, une solidité et une durée plus grandes que le bronze. Puis, un jour, la postérité retrouve ces choses, et les horreurs se dévoilent, et Justice est faite, et chacun reçoit selon ses œuvres. Et alors

> Le masque tombe, l'homme reste,
> Et le héros s'évanouit !

Et voilà, pour la plupart du temps, le vrai "loz immortel„ de ces pasteurs de peuples qui préfèrent leur intérêt personnel au bien de la communauté et mettent les profits de l'injure au-dessus de la pratique de la justice.

Quoi qu'il en soit, Philippe d'Autriche, Roi d'Espagne par sa femme et fils et père d'Empereur, était une puissance du temps, et son héritier direct fut le plus puissant monarque de la première moitié du xvie siècle.

Or, Charles de Croy se trouvait en intimité si étroite avec ces puissances, que non seulement il fut le père spirituel de Charles-Quint, mais encore que l'Archiduc d'Autriche fut, à son tour, le parrain du jeune Philippe, fils de son ami Charles et de Dame Louyse d'Albret.

" La mesme année (1500), le 21 d'apuril, l'Archiduc d'Autrice vint à Chimay (par vng chemin faict à propos à trauers du Bois et Forest nômé la Faigne de Chimay, et est ce chemin pour le iourd'huy appelé la cheuauchoire), pour estre Parain à Philippes de Croy, filz au dit Prince (1). „

Premier Prince de Chimay, comme son aïeul Jean en fut le premier Comte, Charles de Croy conquit toutes les faveurs de son royal et impérial filleul et fut député par lui, comme son Ambassadeur, vers Évrard de la Marck, Prince-Évêque de Liége, qui le reçut avec solennité grande, en sa bonne ville de Saint-Trond (1517).

A cette époque, l'ambitieux Prince-Évêque de Liége désirait ardemment la pourpre cardinalice, qui lui avait été promise par François Ier.

(1) JEAN SCOHIER. Ouv. cité, p. 60.

Mais les intrigues de la Reine-Mère, Louise de Savoie, Duchesse d'Angoulême, avaient fait échouer ce projet. Le chapeau avait été donné à l'Archevêque de Bourges, le frère de Boyer, Trésorier de l'Épargne de la dite Duchesse, et ce moyennant finances.

Irrité, et à juste titre, contre le Roi de France qui lui avait manqué de parole, Évrard de la Marck quitta le parti de François Ier et se mit entièrement au service de Charles d'Espagne, qui, lui, ambitionnait la Couronne impériale.

Charles de Croy négocia habilement avec le Prince-Évêque, et celui-ci, mettant en œuvre toute son énergie et toutes ses facultés d'intrigues, sut peser de tout son poids sur l'Assemblée des Électeurs; si bien que l'Évêque et le Roi atteignirent le but ambitionné.

Charles d'Autriche l'emporta sur tous ses compétiteurs — parmi lesquels, et au premier rang, François Ier — et devint l'Empereur Charles-Quint. Et Évrard de la Marck, soutenu par la haute influence impériale, se vit revêtir de la pourpre romaine, devint le Légat du Saint-Siège pour tous les Pays-Bas, reçut l'investiture de l'Archevêché de Valence en Espagne et obtint le retour du Duché de Bouillon à l'État de Liége.

Ce fut le plus clair des résultats produits par les intrigues de la Duchesse d'Angoulême, qui s'en serait certes abstenue, si elle avait pu prévoir les événements et leur suite.

Cette Louise de Savoie était, du reste, une femme ambitieuse, avide et dépravée au dernier point, qui ne mérita guère la haute fortune qu'elle eut en partage. Non seulement elle se fit compter 40,000 écus d'or — près d'un demi-million — par Boyer, pour la barrette de son frère l'Archevêque, mais encore elle trempa les mains dans un de ces crimes abominables, devant lesquels les consciences les plus abaissées se révoltent.

Elle se fit remettre par Jacques de Beaune, baron de Samblançay, surintendant des finances, une somme de 400,000 écus d'or, destinés à l'armée d'Italie. Jacques de Beaune refusa d'abord d'obéir à l'astucieuse princesse, puis céda contre remise, en due forme, de quittances et de reçus. L'horrible créature lui fit voler ses reçus, puis nia effrontément avoir touché quoi que ce fût. Et le malheureux Samblançay, ne pouvant plus rien prouver, fut condamné à la mort.

des voleurs et conduit à la potence de Montfaucon, le 12 août 1527. Il n'eut pas même la mort du gentilhomme, et à soixante-deux ans — il était né en 1465 — expia au gibet la confiance qu'il avait eue en la mère du Roi Chevalier (1).

Charles de Croy, Prince de Chimay, resta toute sa vie le fidèle serviteur du puissant monarque qu'il avait tenu sur les fonts baptismaux et s'éteignit en 1527, à l'âge de septante ans, en son château de Beaumont en Hainaut.

Il portait *les Armes de sa Maison*, avec, brochant sur le tout, un écu écartelé, aux premier et dernier, *lozangé d'or et de gueules,* qui est de Craon ; aux deuxième et tiers, *d'or, au lion rampant de sable,* qui est de Flandre.

VI

Guillaume, troisième fils de Philippe et de Jacqueline de Luxembourg, petit-fils d'Anthoine et de Marguerite de Lorraine, dont il sera parlé plus loin.

Il portait *les Armes de sa Maison*, avec, sur le tout, un écu écartelé, aux premier et dernier, *d'argent, au lion rampant de gueules,* qui est de Luxembourg ; au deuxième, *d'or à la bande de gueules chargée de III alérions d'argent,* qui est de Lorraine ; au troisième, *d'azur, à II bars d'or adossés, accompagnés de IV croisettes fichées de sable,* qui est de Bar.

VII

Michel, troisième fils de Jean Ier, Comte de Chimay, et de Marie, Comtesse de Lalaing. Il était Seigneur de Sempy et surnommé

---

(1) Cette mort inique nous valut une des plus belles, des plus nobles et des plus courageuses épigrammes de Clément Marot :

> Lors que Maillart, juge d'enfer, menoit
> A Montfaucon Samblançay l'âme rendre,
> A vostre advis lequel des deux tenoit
> Meilleur maintien ? Pour le vous faire entendre,
> Maillart sembloit homme qui mort va prendre :
> Et Samblançay fut si ferme vieillart,
> Que l'on cuydoit, pour vray, qu'il menast pendre
> A Montfaucon le lieutenant Maillart.

Grande Barbe. Épousa Ysabeau de Rotselaer et mourut, sans génération, le 4 juillet 1516.

Portait *les Armes écartelées des Croy et Renty, avec l'écu de Craon sur le tout.*

VIII

FERRY, petit-fils d'Anthoine et de Marguerite de Lorraine, était fils de Jean de Croy et de Jeanne, Dame de Clarques et de Creseques en Artois.

Il fut Chambellan de l'Empereur Maximilien Ier, Maître d'hôtel de Charles-Quint et Gouverneur de l'Artois.

Mourut le 17 juin 1524. Avait épousé Lamberte de Brimeu, fille de Guy, Comte de Meghem, et d'Antoinette des Rembures, dont il eut :

1° *Adrien,* premier Comte de Rœulx, et qui, comme son père, devint Chevalier de l'Ordre (Vide n° XI) ;

2° *Eustache,* qui fut Évêque d'Arras;

3° *Marie,* qui fut la femme de Hadrien de Boulainvilliers, Visconte de Dreux.

Ferry de Croy était Seigneur de Rœulx, de Beaurain et de Hangest-sur-Somme.

Il portait *les Armes de sa Maison,* avec, brochant sur le tout, un écu ESCARTELÉ : *aux premier et dernier, d'or, à la bande de gueules chargée de III alérions d'argent,* qui est de Lorraine ; *au deuxième, fascé d'argent et de gueules de VI pièces,* qui est de Croy; *au tiers, d'azur, aux III fleurs de lys d'or, à la bordure de gueules bezandée d'argent,* qui est de Valois.

IX

PHILIPPE, deuxième du nom, fils aîné de Henry et de Dame Charlotte de Chasteau-Bryant, dont nous nous occuperons plus longuement en son lieu.

Chef de Maison, il portait *ses Armes pleines, sans surcharge ou brisure.*

X

Antoine, fils de Philippe et de Walburge de Mœurs et frère de Charles, le cinquième en rang de nos Chevaliers de la Thoison d'Or.
Il était Seigneur de Thon et de Sempy et épousa :

A. En premières noces, Louise de Luxembourg, fille de Jacques et d'Ysabeau, Dame de Roubaix ;
B. En secondes noces, Anne van der Gracht, Vicomtesse de Furnes, veuve, sans hoirs, de Maximilien de Berghes, Seigneur de Zevenberghe.

Il portait *les Armes de sa Maison,* avec, sur le tout, *l'écu lozangé d'or et de gueules des Craon.*

XI

Adrien, fils de Ferry et de Lamberte de Brimeu, et, comme son père, Seigneur de Rœulx et de Hangest-sur-Somme. Eut à femme Claude de Melun, fille de François, Comte d'Espinoy, et de Louyse de Foix. Mourut en 1553.
Il portait *les Armes de la Maison de Croy,* chargées d'un écu escartelé, aux premier et dernier, *d'or, à la bande de gueules chargée de III alérions d'argent,* qui est de Lorraine; au deuxième, *de gueules à II fasces d'or,* qui est d'Harcourt; au troisieme, *d'azur, à III fleurs de lys d'or, à la bordure de gueules bezandée d'argent,* qui est de Valois.

XII

Philippe, troisième du nom de la branche aînée, fils de Philippe et d'Anne de Croy, dont il sera plus longuement parlé ci-après.
Portait *les Armes pleines de sa Maison, sans brisure ou surcharge.*

XIII

Guillaume, troisième fils de Philippe et de Anne de Croy et frère du précédent. Il fut Marquis de Renty, Vicomte de Beaubourg, Seigneur de Chièvres et Prince de Chimay. Epousa Anne de Renesse et mourut en son château de Renty, le 1ᵉʳ Août 1565. Sa femme lui survécut et mourut à Condé, le 11 Novembre 1586.

Il portait *les Armes des Croy*, chargées d'un écu ÉCARTELÉ, aux premier et dernier, *d'azur à III fleurs de lys d'or*, qui est de France; aux deuxième et tiers, *d egueules plein*, qui est d'Albret; un écu *d'or, parsemé d'hermine*, sur le tout.

XIV

CHARLES, fils de Philippe et de Jeanne, Dame de Halewyn. Il était Duc d'Aerschot, Prince de Chimay, Comte de Senneghem et de Beaumont. Epousa :

A. En premières noces, Marie de Brimeu, Comtesse de Meghem, veuve de Lancelot de Berlaymont, morte sans hoirs;
B. En secondes noces, Dorothée de Croy, sa cousine germaine, fille de Charles-Philippe de Croy, Marquis d'Havré, et de Diane de Dommartin, dont il n'eut lignée.

Chef de Maison, il portait *ses Armes pleines*, sans surcharge, brisure ou bordure.

En parlerons plus loin

XV

CHARLES-PHILIPPE, fils unique, en secondes noces, de Philippe de Croy, premier Duc d'Aerschot, et de Anne de Lorraine. Né le 1ᵉʳ Septembre 1549, cinq mois après la mort de son père, décédé en Avril, même année, il eut pour parrains l'Empereur Charles-Quint et son fils Philippe II: d'où son double nom. Épousa Diane de Dommartin, fille unique de Guillaume, Baron de Fontenoy, dont il eut :

1º Charles-Alexandre (Vide infra, n° XVIII);
2º Ernest, Baron de Fenestranges;
3º Dorothée, mariée à Charles (Vide supra, n° XIV);
4º Anne, mariée au Rhingrave Philippe-Otton, fils de Frédéric et de Anne, Comtesse de Salm.

Portait *les Armes des Croy*, chargées d'un écu ÉCARTELÉ, dont *les IV quartiers étaient partis* aux premier et dernier, *aux armes de*

Hongrie et de France; aux deuxième et tiers, *de Flandre et de Bar,* l'écu de *Lorraine brochant sur le tout.*

Les Armes de Hongrie, de France et de Flandre sont assez connues ; de Bar portait *d'azur à II bars d'or adossés, accompagnés de IV croisettes fichées de sable.* (Vide supra, n° VI.)

XVI

PHILIPPE, fils de Jacques de Croy, Seigneur de Sempy, et de Yolande de Lannoy, troisième femme du dit Jacques. Il était Comte de Solre, Seigneur de Molembaix, et, comme son père, se maria trois fois. Il eut à femme :

A. En premières noces : Anne, — dame de Beauffort, en Arthois, fille de Jean et de Magdalène de la Marck, — décédée le 12 Mars 1580, et dont il eut Jean de Croy, Comte de Solre ;

B. En deuxièmes noces : Anne de Croy, fille de Guillaume, Marquis de Renty, et de Anne de Renesse ;

C. En troisièmes noces, enfin : Guillemette de Coucy, qui lui donna Philippe-François. (Vide infra, n° XIX.)

Portait *les Armes de sa Maison,* avec un écu *lozangé d'or et de gueules,* qui est de Craon, sur le tout.

Il paraît qu'en Juillet 1891, en repavant le chœur de l'église de Solre-le-Château (Département du Nord), à 13 kilomètres d'Avesnes, on retrouva un des caveaux funéraires des Comtes de Solre. Il contenait sept cercueils en plomb, plus un huitième en cuivre rouge. L'inscription du premier et du septième cercueil, étant fort fruste, n'a pu encore être relevée ; d'après celle des six autres, ils contenaient :

A. Le deuxième, les restes de Philippe de Lannoy, probablement le père de Yolande, la troisième femme de Jacques de Croy ;

B. Le troisième, les restes d'un sire de Molembaix ;

C. Le quatrième, ceux de Jean de Ligne ;

D. Le cinquième, ceux d'Anne de Beauffort, — première femme de Philippe de Croy, — laquelle mourut, comme il est dit supra, le 12 Mars 1580 ;

E. Le sixième, ceux de Jacques de Croy, probablement fils de

Philippe et de Anne de Croy, sa deuxième femme, décédé à seize ans, à Malines, en 1618;

F. Le huitième et dernier, enfin, renfermait la dépouille mortelle de Philippe de Croy, Chevalier de la Toison d'Or, mort à Prague (Bohême), le 4 Février 1612, et inhumé à Solre, le 10 Mars suivant.

C'est le comte Philippe dont il s'agit au présent paragraphe. Son cercueil, le huitième, a la forme d'un coffre, forme qui lui a, sans doute, été donnée intentionnellement pour faciliter le transport du corps de Prague à Solre-le-Château.

XVII

Jean, fils du précédent et de Anne de Beauffort. Il était Comte de Solre, Baron de Molembaix et de Beauffort, Seigneur de Condé et de Montigny. Épousa Jeanne de Lalaing, Dame de Montigny, fille d'Emmanuel de Lalaing et de Anne de Croy, Marquise de Renty.

Il portait *les Armes paternelles chargées du même écu de Craon*.

XVIII

Charles-Alexandre, fils aîné de Charles-Philippe (Vide supra, n° XV) et de Diane de Dommartin. (Dommartin portait : *de sable à la croix d'argent.*) Il était Marquis d'Havré et Comte de Fontenoy.

Mourut en 1624. Il portait non l'écu écartelé des Croy et Renty, mais simplement l'écu *fascé d'argent et de gueules de VI pièces*.

De branche cadette, il portait donc *les Armes pleines* des premiers Croy d'Araines : c'est assez bizarre. Il est vrai que, d'après la convention matrimoniale de 1354, les aînés seuls avaient l'obligation d'écarteler leurs Armes.

XIX

Philippe-François, frère consanguin de Jean (Vide supra, n° XVI) et fils de Philippe, premier Comte de Solre, et de Guillemette de Coucy, Dame de Biez, Chemeryn et Vervin.

Il était Duc d'Havré, Vicomte de Langle et Seigneur de Turcoing.

Épousa :

A. En premières noces : Marie-Magdalène de Bailleul, dont il n'eut lignée ;

B. En secondes noces : Marie-Claire de Croy, cette belle Duchesse, dont l'admirable pinceau de Van Dyck perpétua la royale beauté, et de laquelle le sire d'Havré procréa Ferdinand-Joseph, qui fut Duc du dit lieu et Prince et Maréchal héréditaire du Saint Empire.

Il portait *les Armes de sa Maison*, avec, brochant sur le tout, un écu ESCARTELÉ : aux premier et dernier, *de Craon;* aux deuxième et tiers, *de Flandres.*

XX

EUSTACHE, fils de Claude et d'Anne d'Estourmel.

Il était Comte de Rœulx et Seigneur de Hangest-sur-Somme.

Épousa, en premières noces, Elisabeth de Bronckhorst et, en secondes, Théodore-Gertrude-Marie de Ketteler, Dame de Laghen.

Portait *les Armes des Croy,* chargées d'un écu ESCARTELÉ : aux premier et dernier, *de Lorraine;* au deuxième, *de Croy;* au tiers, *de Valois.*

XXI

PHILIPPE-EMMANUEL, fils de Jean (Vide supra, n° XVII) et de Jeanne de Lalaing, Marquise de Renty.

Il était Comte de Solre, Baron de Molembaix, Seigneur de Beauffort, Condé et Montigny.

Épousa Ysabeau-Claire de Gand, dite Vilain, fille de Lamoral, comte de Gand et d'Isenghien, et d'Ysabeau-Marguerite de Merode.

Fut créé Chevalier de l'Ordre, au Chapitre tenu à Bruxelles, le 26 avril 1658, et portait *les Armes de sa Maison,* chargées d'un écu ESCARTELÉ : aux premier et dernier, *de Craon;* aux deuxième et tiers, *d'argent au lion de sable.*

XLIII

Tous ces écus sont entourés du Collier de la Toison d'Or.

A remarquer — et ce pour apporter un argument à notre thèse — que les Chefs de Maison seuls portent leurs Armes pleines; tous les autres — à l'exception de Charles-Alexandre (Vide supra, n° XVIII) — ont ou un écu brochant sur leur écu ou une autre brisure.

C'est, du reste, une règle héraldique, les cadets devant briser contre le Chef, à l'aide de lambels, bâtons, cotices, bordures, écus brochants, etc.

Il n'y a d'exception que pour les Empereurs, Rois et Ducs souverains, qui, parfois à cause d'alliances, d'acquisitions ou de conquêtes, modifiaient et compliquaient leurs armes et les coupaient, tranchaient, écartelaient, etc., non comme brisure, mais pour indiquer leurs conquêtes, leurs acquisitions et leurs alliances.

Ainsi Philippe le Bon, encore que ses Armes pleines fussent d'*azur à III fleurs de lys d'or, à la bordure componée d'argent et de gueules*, — bordure qui, elle-même, était une brisure de l'écu royal de France, — Philippe le Bon écartelait son blason, y introduisait les Armes de Bourgogne ancien, de Brabant et du Limbourg et brochait le tout de l'écu de Flandre.

Or, parmi ces vingt et un de Croy, Chevaliers de la Toison d'Or, il n'y eut que cinq Chefs de Maison qui portèrent, et qui eurent le droit de porter, leurs Armes pleines.

C'est à un de ces cinq Chefs que doit nécessairement se rapporter la pierre dont il s'agit dans la présente Étude.

CHAPITRE TROISIÈME

LES CROY

XLIV

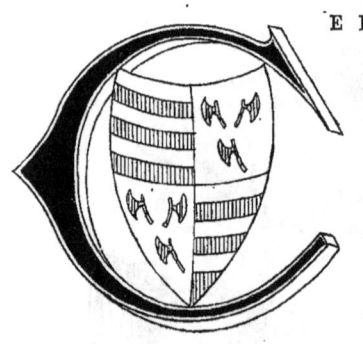

E n'est jamais sans étonnement que l'on fouille les " vieils aucteurs „. On y découvre toujours choses aussi graves que naïves. Si croirait-on que les Croy faisaient tout simplement remonter leur noblesse jusqu'à Dieu Même, Créateur du Ciel et de la Terre, Père d'Adam et Ève, dont eux, Croy, descendaient directement de père en fils, sans interruption ?

Ce n'était, certes, ni d'humilité bien parfaite, ni de modestie bien entendue, et de preuve d'autant plus difficile que, du temps de Caïn, de Seth, de Malalehel et de Mathusalem, les titres nobiliaires étaient non encore inventés et les d'Hozier inconnus.

Quoi qu'il en soit, Charles, premier Duc de Croy, quatrième Duc d'Aerschot, à l'effet d'établir cette preuve, — et en mémoire et honneur de son grand-Oncle, Guillaume de Croy, Duc de Soria, Seigneur de Chièvres, Chevalier de la Toison d'Or, surnommé *le Sage*, et Fondateur du Monastère de Héverlé, — Charles de Croy avait fait peindre aux stalles du chœur de l'Église du dit Monastère six Arbres généalogiques, par les rameaux desquels la filiation nobiliaire des Croy s'affirmait carrément.

Le premier Arbre développait la postérité d'Adam jusqu'à Nemrod ;

Le deuxième, celle de Nemrod à Attila ;

Le troisième, celle d'Attila jusqu'à Marc de Hongrie ;

Le quatrième, celle du dit Marc de Hongrie jusqu'au Duc Charles de Croy, le promoteur des dits six Arbres généalogiques ;

Le cinquième présentait la postérité de Henri Ier, Duc de Brabant, jusqu'à Marguerite de Lorraine ;

Le sixième, enfin, celle de Saint Louis de France, jusqu'à Jacqueline de Luxembourg, mère de Guillaume, Duc de Soria, Fondateur du susdit Monastère.

Il est certain et évident que les Trois premiers Arbres généalogiques ne sont ni sérieux ni probants ; ils n'ont, et ne peuvent avoir, aucune valeur historique et ne constituent qu'une explosion de vanité si naïve, qu'elle ne peut même être taxée d'orgueil. Il n'en est pas de même des Trois derniers de ces Arbres : aisément peut-on, et documents en mains, remonter de Guillaume de Croy, Duc de Soria, à Louis IX ; de Marguerite de Lorraine, femme d'Anthoine de Croy et fille du Comte de Vauldemont et de Marie d'Harcourt, à Henri Ier, Duc de Brabant ; de Charles de Croy, quatrième Duc d'Aerschot, à Marc de Hongrie, et de celui-ci à son aïeul Saint Étienne. Il n'y a là — de 1038 à 1521 — qu'un espace de quatre cent quatre-vingt-trois ans, et ce laps de temps n'est pas si considérable, qu'il ne puisse, pour l'établissement d'une filiation, être exploré avec quelque certitude.

« Voyez ce qu'en dit un vieil auteur :

« Cette généalogie de la Famille Crouiacienne — par ordre de Charles, premier Duc de Croy, et en l'honneur et mémoire de Guillaume de Croy, Marquis d'Arschot, Fondateur du Monastère de Héverlé, peinte aux deux côtés du chœur de l'Église du dit Monastère, où les Religieux avaient coutume de chanter en commun, — cette généalogie prête à rire à plus d'un en ce qu'elle a la prétention de se développer depuis Adam jusqu'aux temps présents du dit Prince Charles. Car, lorsque les noms de ceux qui vécurent il y a quatre siècles ne peuvent être trouvés qu'avec peine par les très curieux chercheurs en généalogies, il semble vraiment étonnant que l'on puisse retracer fidèlement une série d'ayeux, depuis Adam jusqu'aux grands parents actuels. Or, pour ce faire, le peintre, ou l'auteur quel qu'il soit de la généalogie Crouiacienne, peignit aux six premières stalles ou panneaux six Arbres généalogiques, et, dans leurs rameaux, des personnages par qui la filiation se continuait. Le premier Arbre contient la postérité d'Adam jusqu'à Nemrod, le titre suivant placé en évidence : Créateur du Ciel et de la Terre. Nemrod lui-même est la racine du deuxième Arbre, avec cette inscription : Nemrod Ier, Roi des Babyloniens. Et ses descendants ou successeurs en sont déduits jusques à Attila. Avec Attila commence le troisième Arbre ; les mots suivants y apposés : Attila, fils de Benducem, petit-fils du grand Nemrod, élevé dans l'Engadine, par la grâce de Dieu, Roi des Huns, des Mèdes, des Goths, des Daces, la terreur du monde et le fléau de Dieu. Et, en cet Arbre, sont énumérés quantité de Ducs, qui de Hongrois furent gouverneurs; par ceux-là, on passe à Saere Etienne Ier, Roi de Hongrie, et par celui-ci jusqu'à André, et au-dessus de cet Arbre sont inscrits les mots généalo-s : Marc de Hongrie, frère du Roi André III. Suit le claire du même Arbre, qui présente la postérité de ce même Marc jusqu'au Duc Charles de Croy. La liste du cinquième Arbre am comprend l'ascendance de Marguerite de Lorraine, aïeul Guillaume, Fondateur de Héverlé, jusqu'à Henri Ier de Brabant, qui gît au pied de cet Arbre. Enfin, S. de H. Louis, Roi des Français, donne le commencement du ngrie ème Arbre, d'où provient sa descendance jusqu'à Jac ts sixte de Luxembourg, mère du prédit Fondateur de Héve

„ J'avoue que, dans ces Arbre érité y a beaucoup de choses non seulement confusément, r orras encore peu clairement décrites, à tel point que, ex at sées ici telles qu'elles sont retracées par le pinceau, elles peuvent, à la lecture, rebuter les gens les plus experts en ma choses historiques. Et, en fait, avant, si faire se peut, que que dénouer la difficulté relative à Marc le Hongrois, qui est ri a base de la généalogie, tentons de rétablir, par une pluraine plus correcte, les origines de Jacqueline de Luxembourg m. dont j'ai parlé plus haut, et de Marguerite de Lorraine, aï endance maternelle du dit Fondateur (1). „

" (1) In gratiam atque memoriam Guilelmi Crouiaci, Marchionis Arschoti, Fundatoris Monasterii Heverlensis, hæc Genealogia Familiæ Crouiacæ ad chori duo latera, ubi Religiosi considere solent, jussu Caroli, primi Ducis Crouiaci, depicta, risum nonnullis præbet, quod ab Adamo ad hujus usque Principis tempora ducta videatur. Cum enim eorum nomina, qui ante quadringentos annos vixerint, a curiosissimis genealogiarum indagatoribus vix inveniri queant, mirandum nimis videatur, ut ad Adamum usque majorum series probe delineari possit. Vt autem

Et notre vieil auteur, en trois dissertations assez prolixes et délayées, examine d'abord la généalogie de Marguerite de Lorraine, puis celle de Jacqueline de Luxembourg, puis encore celle de Marc de Hongrie, et en arrive enfin à celle des Croy, en ces termes :

POSTÉRITÉ D'ADAM

jusqu'a Charles Croyacien, premier Duc de Croy

" Adam, Eve, Seth, Enos, Caïn, Malalehel, Jared, Enoch, Mathusalem, Lamech, Noé, Cham, Chus, Nemroth Ier, Roi des Babyloniens, lequel dans les lettres profanes, — ainsi qu'on

hoc faceret genealogie Crouiacie pictor aut auctor, quisquis ille sit, in sex primis sedilium locis sive tabulis genealogicas sex arbores pinxit, et in ramis earum personas quibus genealogia continuata est. Prima arbor continet Adami progeniem ad usque Nembrod, posito in eminentiori loco hoc titulo. Creator Cœli et Terræ. Arboris secundæ radix est ipse Nembrod cum hac inscriptione. Nembrod I Rex Babiloniorum. Et ejus posteri seu successores usque ad Attilam deducuntur. Tum Attila tertiam arborem inchoat his appositis verbis. Attila, filius Benducem, nepos magni Nembrod, nutritus in Engadi, Dei gratia Rex Hunorum, Medorum, Gothorum, Dacorum, metus orbis, et flagellum Dei. Et in hac arbore multi duces enumerantur, qui Hungaris præfuerunt, a quibus fit ad S. Stephanum I Hungariæ Regem, et ab eo usque ad Andream III : et supra arborem hæc verba scribuntur. Marcus ab Hungaria frater Andreæ III Regis. Sequitur arbor quarta, et est ipsius Marci posteritas ad usque Carolum Croii Ducem. Quintæ series arboris complectitur Marzaretæ Lotharingæ aviæ Guillielmi Fundatoris Heverlensis majores ad usque Henricum I Brabantiæ Ducem, qui sub hac arbore jacet. Denique sextæ arboris initium dat Sanctus Ludovicus Francorum Rex, fitque dessensus ab eo, usque ad Jacoham Luxemburgicam Fundatoris Heverlensis præfati matrem.

„ Fateor in his arboribus multa confusè ac non satis dilucidè scripta, ita ut si ita hîc exponantur, sicut penicillo exarata sunt, historiarum peritos a lectura possint amovere. Et quidem antequam Marci Hungari qui genealogiê basis est, difficultatem si fieri potest enodemus: paucis maternû hoc Fundatoris genus Jacobê inquam Luxemburgiê, et Margaretê Lotharingæ tentemus origines correctiori calamo emendare (*). „

(*) Ant. Sanderus, Chorographia sacra Brabantiæ. Bruxellæ, Apud Philippum Vleugartium Typog. juratum. 1659, Vol. 1^r. In Heverlea Celestina. caput secundam. f° 11.

le peut voir dans les Annales sacrées de Tornelius, années 1931 et suivantes de la création du monde, — porte le nom de Belus, père de Ninus, qui, les Assyriens soumis, transféra son royaume en Assyrie et fonda Ninive. Mais la généalogie des Hongrois n'est vraiment pas déduite de Ninus, car, immédiatement après Nemrod, on place Hunor, par qui plus rationnellement viennent les Huns, c'est-à-dire les Hongrois. Après six princes intermédiaires, se place Kadar, et malgré l'interposition de vingt-trois noms de Ducs, ne suis rien moins que certain que, des pères aux fils, la filiation soit régulière : alors — de par les histoires déclaré de la souche de Kadar — est inscrit Bendecuz. Bendecuz engendra Attila, qui s'inscrit comme petit-fils du grand Nemrod et comme Roi des Huns et d'autres nations. Par son père Attila, Chabas est engendré. Alors, et trois Ducs intercalés, se place Almus, puis Arpad, Chef des Hongrois, quand ceux-ci, pour la seconde fois, revinrent de Scythie en Hongrie. Suit Zultan. Enfin Tozon, celui-ci appelé petit-fils d'Almus. Tozon engendra Geycza et Michel : Geycza, l'aîné, Duc des Hongrois, engendra Saint Étienne, leur premier Roi chrétien, qui mourut sans laisser d'enfants. Michel engendra Ladislas le Chauve, cousin de Saint Étienne. Ladislas engendra Bela, Ier de ce nom, mais, selon l'ordre, le cinquième Roi de Hongrie. Bela engendra Geycza, Ier de ce nom, mais, de par le rang, le septième Roi depuis Saint Étienne. Geycza engendra Coloman et Almus. Almus, par son frère aveuglé, engendra Bela, IIe du nom, mais, selon l'ordre, le XIe Roi Chrétien de Hongrie. Bela II, avant que d'être Roi, engendra Geycza 2 : et, devenu Roi, engendra Ladislas, Étienne et Sainte Gertrude. Cet Étienne, son frère Geycza étant défunt, voulut s'emparer du royaume d'Étienne IV, son neveu, c'est-à-dire du fils de Geycza ; mais, vaincu par son dit neveu et chassé du royaume, il se réfugia en Gaule, avec Marc le Hongrois, son fils.

„ Et par ce Marc, l'Arbre Croyacien étend ses rameaux de cette manière :

„ Marc de Hongrie, de qui Catherine, baronne et héritière des familles de Croy et d'Araines, fut la femme.

„ Jean, fils de Marc, Baron de Croy et d'Araines.

„ Guillaume, frère de Jean susdit, Baron de Croy et d'Araines.

„ Jacques, fils du Jacques susdit, Baron de Croy et d'Araines (1).

„ Guillaume, fils de Jacques prénommé, Baron de Croy et d'Araines.

„ Jean, fils du susdit Guillaume, Baron de Croy et d'Araines, de Renty et de Seneghem.

„ Archambeau, Baron de Croy, fils du susdit Jean.

„ Antoine, frère du susdit Archambeau, Baron de Croy et d'Araines, de Renty et de Seneghem, Comte de Porcean.

„ Philippe, fils d'Antoine susdit, Baron de Croy et d'Araines, Comte de Porcean.

„ Henri, fils du susdit Philippe, Baron de Croy et d'Araines, Comte de Porcean.

„ Guillaume de Croy frère du susdit Henri, Seigneur de Chièvres, Duc de Soria et de Harchies, Marquis d'Arschot.

„ Philippe, fils du susdit Henri, neveu de Guillaume de Croy, premier Duc d'Arschot.

„ Charles, fils du Philippe susdit, Baron de Croy, deuxième Duc d'Arschot.

(1) Il y a ici erreur d'omission; il n'y a pas de *prædictus Jacobus*. Ce Jacques omis dans la nomenclature est précisément *Jacques l'Ancien*, qui fut fils de Guillaume et père de Jacques II.

„ Philippe, frère du susdit Charles, Baron de Croy, troisième Duc d'Arschot.

„ Charles, fils unique du Philippe susdit, premier Duc de Croy, quatrième d'Arschot.

„ Voilà comment ces choses se présentent dans le quatrième Arbre dépeint aux stalles; si ce n'est pourtant que là le peintre désigne Marc comme frère du Roi André III; pour ce, nous trouvons préférable de dire qu'il est fils d'Étienne, ce rejeton expulsé de Bela II, Roi des Hongrois, ou peut-être plus certainement fils que frère de André II (1). „

A vrai dire, ceci nous paraît assez obscur. Sanderus fait

(1) POSTERITAS ADAMI

USQUE AD CAROLUM CROUIACUM I. CROY DUCEM.

" Adam, Eva, Seth, Enos, Caynam, Malalehel, Jared, Enoch, Mathusalem, Lamech, Noe, Cham, Chus, Nemroth I Rex Babyloniorum, qui ut legere est in Annalibus sacris Tornelii anno a condito mundo 1931 et sequentibus, in scripturis profanis, dicitur Belus, Nini pater, qui subactis Assyriis in Assyriam regnum transtulit, Ninivemque condidit. Sed per Ninum non deducitur Hungarorum genealogia verum immediate post Nemrod ponitur Hunor a quo forte Hunni, id est Hungari. Et intermediis sex principibus ponitur Kadar, et interpositis viginti trium ducum nominibus, an autem patrum per filios recta sit continuatio, incertum mihi : tunc subinseretur Bendecuz qui in historiis dicitur de stirpe Kadar fuisse. Bendecuz genuit Attilam, qui se nepotem magni Nembrod et Hunorum et aliarum Nationum regem inscripsit. Attilâ patre genitus est Chabas. Dum tribus interpositis Ducibus, ponitur Almus, postea Arpad Dux Hungarorum, quando ex Scythiâ iteratò in Hungariam redierunt. Sequitur Zultan. Dein Tozon, hic vocatur Almi nepos. Tozon genuit Geyczam et Michaëlem : Geycza primogenitus Hungarorum Dux genuit S. Stephanum I Hungarorum Regem Christianum : obiit liberis nullis relictis. Michaël genuit Ladislaum Caluum cognatum S. Stephani. Ladislaus genuit Belâ I. Hujus nominis, at ordine quintum Regem Hungariæ. Bela genuit Geyczam I hujus nominis, sed ordine septimum Regem a Sancto Stephano. Geycza genuit Colomauum et Almum. Almus a fratre suo excecatus genuit Belam II hujus nominis, sed ordine XI Hungariæ Christianum Regem. Geyczam 2 Bela II genuit antequam Rex esset : et Rex factus genuit Ladislaum, Stephanum et Sanctam Gertrudem. Stephanus hic mortuo Geyczà fratre, voluit Stephani IV,

Marc de Hongrie non pas le frère d'André III, mais le fils d'André II. Peut-être cet André II constitue-t-il une faute typographique et signifie-t-il André III : le texte latin le ferait supposer. Cuchet et d'autres encore font le dit Marc de Hongrie frère d'André III susdit. Or, cela nous semble une erreur véritable. En effet, la révolte d'Étienne, — fils de Bela II et frère cadet de Geycza II, de Ladislas et de Sainte Gertrude, — cette révolte eut lieu vers le milieu du XIIe et

nepotis sui hoc est Geyczæ filii regnum occupare, sed a nepote victus et regno pulsus cum Marco Hungaro filio suo in Galliam fugit.

„ Et ab hoc Marco arbor Croyaca suos ramos hunc in modum expandit :

„ Marcus ab Hungaria, cujus uxor fuit Catharina baronissa et heres familiarum de Croyaco et Araniis.

„ Joannes Marci filius Baro de Croyaco et Araniis.

„ Guillelmus frater prædicti Joannis Baro de Croyaco et Araniis.

„ Jacobus prædicti Jacobi filius Baro de Croyaco et Araniis (*).

„ Guillelmus prædicti Jacobi filius Baro de Croyaco et Araniis.

„ Joannes prædicti Guillelmi filius Baro de Croyaco et Araniis, Rentiaco et Seneghem.

„ Archembaldus, Baro de Croyaco prædicti Joannis filius.

„ Antonius prædicti Archembaldi frater Baro de Croyaco et Araniis, Rentiaco et Seneghem, Comes porceacensis.

„ Philippus prædicti Antonii filius Baro de Croyaco et Araniis, Comes porceacensis.

„ Henricus prædicti Philippi filius Baro de Croyaco et Araniis, comes Porceacensis.

„ Guillelmus a Croy prædicti Henrici frater, Dominus de Chieures, Dux Sorensis et Harchiensis, Marchio Arschotensis.

„ Philippus prædicti Henrici filius, Guillelmi nepos de Croyaco, I Dux Arschotensis.

„ Carolus prædicti Philippi filius, Baro de Croyaco, II Dux Arschotensis.

„ Philippus prædicti Caroli frater Baro de Croyaco, III Dux Arschotensis.

„ Carolus prædicti Philippi unigenitus I Dux Croy, IV Arschotensis.

„ En hæc ita se habent in arbore quarta sedibus adpicta nisi quod ibi pictor Marcum faciat Andreæ III Regis fratrem, pro quo nos credimus illum forte melius dicendum esse filium Stephani exterminati filii Belæ II Regis Hungarorum aut certe non fratrem sed filium Audreæ II (**). „

(*) Voir note de la page 137.

(**) ANT. SANDERUS. Ouvr. cité. In Heverlea Celestina. Caput tertium, f° 18.

non du xiiie siècle. Marc, — fils d'Étienne le Banni et frère d'André, qui devint Roi de Hongrie sous le nom d'André II, — Marc épousa Catherine de Croy et d'Araines, en 1181. Guillaume de Croy, fils de Jacques II et de Marie de Picquigny, prit à femme Ysabeau de Renty, en 1354. Entre le dit Guillaume et Marc de Hongrie, il y a un espace de cent septante-trois ans, et cinq générations, à savoir :

1° Marc;
2° Jean;
3° Jacques l'Ancien (ainsi nommé *parce qu'il vécut très vieux*);
4° Jacques II;
5° Guillaume.

André III, au contraire, dit le Vénitien, fut couronné Roi de Hongrie en 1290. Entre 1290 et 1354, époque du mariage de Guillaume de Croy avec Ysabeau de Renty, il n'y a que soixante-quatre ans, et absolument pas place pour cinq générations, parmi lesquelles celles du Mathusalem, surnommé Jacques l'Ancien. Marc de Hongrie, l'époux de Catherine de Croy, doit donc être frère et non fils d'André II, et ne peut être ni frère ni fils d'André III, qui vivait plus d'un siècle plus tard.

Il est admis par l'Histoire et la Tradition qu'Étienne, fils de Bela II, dut s'enfuir de Hongrie avec Marc, son fils cadet, abandonnant à un sort précaire son fils André, qui devint Roi sous le nom de André II; donc, Marc et le dit André, ayant le même père Etienne, sont frères, et la concordance des dates vient corroborer les assertions de la Tradition et de l'Histoire.

Un livre excessivement rare et curieux, provenant de la

Bibliothèque Van Hultem, livre sans date ni nom d'auteur, — qui se trouve à la Bibliothèque Royale de Bruxelles, sous les litt^is V. H., N° 25709 (1), — reproduit une quantité de portraits artistement gravés des principaux Sires, Barons, Comtes et Ducs de la Maison de Croy. Nous ne pouvons croire que ces portraits soient simplement des figures de fantaisie et qu'ils ne reproduisent pas, au moins, le type caractéristique des gens qu'ils représentent. Le culte ancestral a surtout existé dans la noblesse, et au Moyen Age, les sculpteurs sur les pierres tombales, les *ymagiez* dans les Bibles, Missels et Livres d'Heures, comme plus tard les peintres sur le vitrail, le panneau ou la toile, se sont ingéniés à reproduire les traits des preux et des membres de leur lignage. Le graveur du Livre dont s'agit aura donc rencontré dans les caveaux funéraires des Croy assez de Barons de pierre ou de marbre, couchés haume en tête ou aux pieds ; sur les vitraux des chapelles et oratoires assez de nobles Chevaliers et de pieuses Dames en prière ; dans les galeries de leurs manoirs, assez de portraits authentiques, pour y trouver les éléments nécessaires à son travail historique et artistique.

Nous pouvons donc l'accepter sans trop de méfiance, et, — malgré la boutade d'un adversaire grincheux des rapins et de leurs maîtres, même les plus illustres, qui prétendait irrévérencieusement " qu'un portrait ressemblait toujours à quelqu'un, excepté au quelqu'un qui avait posé ,, — nous pouvons affirmer, croyons-nous, que les portraits reproduits dans l'album dont s'agit ont une incontestable authenticité familiale.

(1) Livre contenant la Genealogie et descente de ceux de la Maison de Croy, tant de la Ligne principale estant Chef du nom et armes d'Icelles que des Branches et Ligne collaterale de la dicte Maison.

Cet ouvrage, en deux volumes petit in-folio, de reliure différente, — et que la dite reliure a rendu de format disparate, — a été édité à Anvers, vers 1620 ou 1625, par Jacques de Bye. Il paraît n'avoir jamais été dans le commerce et semble avoir été conçu et exécuté pour l'usage exclusif de la famille. C'est une véritable rareté bibliographique, et nous ne pouvons comprendre où et comment Van Hultem a été le dénicher.

Il est vrai que le célèbre bibliophile s'y entendait parfaitement et qu'il avait une chance, dont il était digne.

Ce livre, si rare et si précieux par la reproduction des six Arbres généalogiques dont parle Sanderus et des nombreux portraits des Sires de Croy, nous sera de quelque secours et nous prêtera son appui dans notre petite Etude héraldique.

XLV

Que les Croy remontent à Adam et au Créateur du ciel et de la terre, cela n'a rien d'étonnant; ils partagent ce privilège avec le plus humble des mortels, car tous — depuis le Roi le plus puissant jusqu'au mendiant le plus infime — tous, nous avons un père commun et une commune origine. Et Arlequin, en retroussant dans son masque enfariné les coins de sa bouche narquoise et sensuelle, disait excellemment : " Si notre premier père Adam s'était avisé d'acheter une charge en la Chambre du Roy, nous serions tous gentilshommes. „

Mais une chose est la filiation, la solidarité et l'héroïsme, autre chose l'ordre politique et militaire qu'on appelle la noblesse. Celle-ci naît de la conquête, est une institution positive, crée des droits et des devoirs spéciaux et s'établit de par le bon plaisir du Prince ; ceux-là naissent du cœur, sont fait social, créent des devoirs et des droits supérieurs et existent par la volonté et l'inspiration de Dieu. Aussi, les nobles de par le blason et les parchemins ne sont pas toujours les nobles de par le cœur, et tel héritier d'un nom illustre n'a pas du tout les vertus qu'il devrait avoir. Et même, fort souvent, il aura les vices et les lâchetés de sa caste, sans en avoir les vertus et la bravoure. Et alors, comme le dit quelque part La Rochefoucauld : " Les grands noms, au lieu de les élever, abaissent ceux qui ne savent pas les soutenir. „

Jeanne d'Arc était une pauvre villageoise, une simple fille des champs, une humble pastourelle; elle était vaillante parmi les plus vaillants, héroïque parmi les plus hauts et les plus illustres; on pouvait l'anoblir, on n'aurait pu l'ennoblir; et certes, Charles VII, tout souverain qu'il était et tout Victorieux qu'il se proclamait, n'aurait pu lui donner la grandeur d'âme, la hauteur de cœur, la force de caractère, la touchante abnégation qu'elle possédait en abondance et qui lui manquait totalement à lui. Cette vierge de dix-sept ans avait toutes ces vertus à un haut et admirable degré, et si on peut hardiment affirmer que la servante de ferme avait une âme de Roi, on peut avancer, à plus juste titre encore, que le Roi avait une âme de valet.

Et cependant, quand la fière et sainte Pucelle apparut à la tête de l'armée française, faisant reculer l'Anglais aux éclats de son étendard d'azur aux fleurs de lys d'or (1), — car elle le portait au lieu de lance ou d'épée, et jamais ne frappa ni ne tua personne (2), — elle était de la race des vilains et

(1) D'aucuns ont prétendu que la bannière de Jeanne était *blanche fleurdelysée d'or*. S'il s'agit de la bannière personnelle, c'est possible ; mais s'il s'agit de l'étendard, c'est différend : celui-ci était *l'auriflamme* aux Armes de France, *d'azur à III fleurs de lys d'or*.

(2) Voir son Interrogatoire.

n'était pas, comme Pierre du Terrail ou Bertrand du Guesclin, inscrite au livre d'or des Sires de naissance. Et — chose exquise et merveilleuse, tant la noblesse donnée par Dieu surpasse la noblesse octroyée par les hommes — ces preux officiels du xve siècle, comme Dunois, La Hire (1), Xaintrailles, admiraient la Pucelle, s'inclinaient devant elle et lui obéissaient. Ils sentaient d'instinct que cette humble paysanne était de noblesse plus haute qu'eux-mêmes et que sa foi en Dieu, son amour de la Patrie, son œuvre de reconstitution nationale, son sublime renoncement la mettaient au-dessus de leurs préjugés et plus haut que leur orgueil.

XLVI

Dans l'établissement de leur généalogie, les Croy auraient dû faire cette distinction primordiale entre la noblesse d'épée et la noblesse de cœur ; ils ne seraient pas tombés dans un travers qui, selon Sanderus, à d'aucuns prêtait à rire : *risum nonnullis præbet*. Leur vieille et solide noblesse est assez nettement constatée pour pouvoir se passer de Nembrod, et même d'Attila, et pas n'est besoin pour la prouver de remonter aux âges fantastiques que l'amour et le respect des ancêtres peuvent imaginer.

Et d'autant plus que les règles et la discipline héraldiques ne vont pas au delà du xe siècle. Ni les hauts Barons, ni mêmes les Rois des deux premières dynasties nationales n'eurent des armoiries proprement dites, et la science du héraut d'armes ne commence vraiment à prendre corps qu'avec les tournois, les joutes et les Croisades.

Et cela est si vrai, que le premier enregistrement régulier

---

(1) De son vrai nom : Estienne de Vignolles.

d'armoiries n'eut lieu que sous Philippe III de France, dit Philippe le Hardy (1271 à 1285), et ce à l'occasion du premier anoblissement authentique.

Avant cette époque, il y avait des chefs, fort souvent d'ignoble origine, parfois plus ignobles encore que l'origine même, ou bien des aventuriers à la solde du chef, qui s'arrogeaient quelques privilèges, ou bien enfin des malandrins, qui s'étaient imposés par la force et qui, tolérés par le vainqueur, dont ils étaient les complices, avaient fini par en devenir les vassaux et hommes liges.

Après, il y eut des seigneurs, portant bannière propre, armure distincte, bouclier blasonné; féaux désignés par le monarque, consacrés par le droit régalien, relevant du souverain; pour autant que le permettait la rudesse du temps, policés et dirigés par l'Église, guidés par les lois austères et généreuses de la chevalerie, et que leur haute fonction sociale *obligeait* à l'honneur et à la vaillance. S'ils manquaient à ces lois, on *devait* les dégrader, briser leur écu et donner leur fief à de plus dignes. C'était là la barrière à l'orgueil des esprits, à l'égoïsme des cœurs, à la violence des caractères, et plus d'une fois cette barrière a arrêté les forts et les puissants sur la pente de la félonie, de la trahison et de la forfaiture.

XLVII

La noblesse proprement dite, qui, trop souvent, n'a pour origine que l'invasion, la violence, la rapine et le massacre, — origine, dont, certes, Messieurs les titrés n'ont ni raison ni motif de s'enorgueillir, — la noblesse proprement dite, réglementée, blasonnée et immatriculée, n'étant pas antérieure au x‍e siècle, nous sommes — tout bien considéré — de l'avis de Sanderus : J'avoue que, dans ces Arbres généalogiques, il y a beaucoup de choses non seulement confusément, mais encore fort peu clairement décrites : *fateor in his arboribus multa confusè ac non satis dilucidè scripta*, comme le dit si bizarrement notre auteur. Mais la généalogie nous paraît exacte et indiscutable dans son enchaînement et sa continuité à partir de Tozon, père de Geycza et de Michel, et aïeul de Saint Étienne, premier Roi Chrétien de Hongrie, qui, lui Étienne, eut le dit Michel pour père et le dit Geycza pour oncle (870-1038) (1).

Le Beaumontois Jean Scohier, qui écrivait, près d'un siècle avant Sanderus, s'en explique, à son tour, comme suit :

" D'Attila, Roi des Huns, après que la race fut assopie et comme estaincte : Toxis print pied sur les Hongrois, assisté de son frère Michel (iaçoit (2) qu'aucuns le font fils), duquel sont descenduz les Rois de Hongrie, en ligne directe jusqu'à Colomanus. Lequel émulateur trop grand de son Royaume, affin de régner seul, feit creuer les yeux à son frère Almus (3); et ne laissant ce mal impuni, Dieu voulut que la postérité du Roy Coloman prit fin à Étienne son filz. Lequel mourut sans génération de son corps l'an 1131. Ordonna Bela l'aueugle son cousin germain fils d'Almus l'aueuglé pour Roy de Hongrie (4). „

(1) Vide: *Chronologie des Ducs de Croy*, contenant les preuves sur l'origine royale, la filiation de toutes les branches et les grandes illustrations de cette Maison. Grenoble, Cuchet, 1790. Un vol. in-4º.

(2) *iaçoit* ou *ja soit*, quoique.

(3) Un Almus, chef des Madgyards, peuplade de souche ouralienne, auquel les Orientaux donnaient le nom de Salmur, conquit, vers 780, la Pannonie, que les Huns avaient appelée *Hunavaria*, *Hunaria* ou *Hungaria*.

(4) Généalogie et descente de la Très-illustre Maison de Croy. Douai, Vᵉ Jacques Boscard, 1589, p. 1.

Comme nous l'avons vu supra, ce cousin était Geycza que Bela II avait engendré avant que d'être Roi. Geycza étant venu à mourir, son frère Étienne, — œuvre de traître et de bandit, dont l'Histoire n'offre que trop d'exemples, — son frère Étienne voulut spolier l'orphelin et s'emparer du royaume de son jeune neveu, Étienne IV, fils du dit Geycza. Mais, vaincu par son dit jeune neveu, Étienne major dut prendre la fuite et chercher asile en France, en compagnie de son fils Marc le Hongrois.

Or, le dit Marc, fils d'Étienne et frère cadet du Roi André II, épousa Catherine, Dame héritière de Croy et d'Araines, et se fixa définitivement au beau pays de France.

La Terre d'Araines (D'après une gravure ancienne).

La terre d'origine et de résidence des Croy est la terre d'Araines, en Picardie.

La résidence ordinaire de Jacques de Croy, père de

Guillaume, l'époux d'Ysabeau de Renty, était cette terre d'Araines. " Et est vray semblable que ses Prédécesseurs ont tous illec résidé, comme au premier et plus famé lieu, tiltre et seigneuries qu'ilz auoiêt alors (1). „ De même, " le dormitoire et lieu de sépulture des Seigneurs de Croy susnommez, at esté l'Église Daraines, et que par désastres des guerres si fréquentes en ce lieu, la coignoissance nous en at esté cachée. Comme bien le font cognoistre les ruines et vestiges du dict Chasteau de Croy, au lieu et Bourg Daraines (2) „.

XLVIII

Marc, fils d'Étienne et frère d'André II, roi des Hongrois, portait : *burellé d'argent et de gueules de VIII pièces*, qui est de Hongrie.

Les Armes premières de Hongrie étaient " de toute ancienneté : *de sable, au loup passant d'argent* (3) „. Devinrent, par la suite : " *d'argent à l'Aigle esployée de sable;* Armes retenues par les Princes de Hongrie iusques au premier Roy chrestien Geysa, lequel prit — en l'an 997 — *d'argent à trois Mottes de terre de sinople, à la Croix Archiepiscopale ou Patriarchale de gueules, en cœur*. Depuis encore (mais en quel temps et par qui, on l'ignore), ces Armes furent changées en l'Escu de Hongrie : *Fascé d'argent et de gueules de VIII pièces*, dont les quatre fasces d'argent représentent les quatre principales riuières qui lauent la Hongrie, à scauoir le Danube, la Saue, le Nyss et la Draue : et les quatre autres fasces de

---

(1) Jean Scohier. Ouv. cité, p. 5.
(2) Id., Ibid.
(3) Lovvan Geliot. Ouvr. cité, p. 52.

gueules ou rouge, denotent le terroir et solage du mesme pays plantureux et fertil en minéraux (1) „.

En 1181, Marc de Hongrie épousa CATHERINE, Dame d'Araines et de Croy (2), et lui apporta ses Armes.

N'avons pu, malgré nos recherches, reconstituer le blason de la dite Dame Catherine de Croy, et ignorons complètement quelles peuvent avoir été les Armes originelles de cette Maison d'Araines, si haute et si illustre déjà au XIIe siècle, que Marc, frère de Roi " fut jugé digne de s'y allier „.

Nous savons bien qu'un certain Pierre de Croy d'Amiens, qui vivait vers 1234, portait : *d'or, à III merlettes de sable, à la bordure engrellée de gueules* (3); mais nous ne sommes pas bien sûr si le dit Pierre de Croy, encore qu'originaire de la Picardie, soit de la Maison dont nous nous occupons.

Si cependant le dit Pierre de Croy est de la Famille dont s'agit, *la bordure engrellée*, qui est une brisure, indique une branche cadette ou collatérale, et les Armes pleines sont tout simplement : *d'or, à III merlettes de sable*.

(1) LOVVAN GELIOT. Ouvr. cité, p. 52.
(2) A l'occasion de ce mariage, " Pierre de Tours, gentilhôme Frâçois „, composa l'épithalame suivant :

O grand Dieu Juppiter; qui par ta grand'largesse
Bien heuras un tel Marc, tu l'as, par ta sagesse,
Daraines et Croy faict le maître et seigneur.
La France lui rioit, lui monstroit sa faueur,
Araines et Croy le cogneurent bien digne,
De l'allier auec leur chère Catherine !

Nous doutons grandement que cet épithalame — fort insignifiant au fond — ait été écrit en 1181. C'est non la langue du XIIe siècle, mais la langue quasi parfaite du XVIe. Probablement que le dit épithalame aura été, en 1580, accommodé au goût du temps, par Jean Scohier lui-même, dans l'ouvrage duquel nous avons trouvé le dit petit poème, qui rappelle assez bien les distiques de caramel, et la littérature des décadents d'aujourd'hui.

(3) *Chronologie des Ducs de Croy*, etc. Grenoble, Cuchet, 1790. Un volume in-4°, p .10. Note.

Il se pourrait que ce fût là le blason primitif de cette illustre Maison; mais nous n'osons ni affirmer ni nier, et laissons à de plus idoines le soin de décider.

Et d'autant plus que la position des *merlettes* n'est pas déterminée. Nous ne savons si elles sont rangées en chef, en fasce, ou en pointe; ou posées en pal, en bande, ou en barre; ou placées en pairle, deux en chef, une en pointe, ou en chevron, une en chef, deux en flancs, — ce qui cependant importe à l'exactitude héraldique et ce qu'il serait utile de savoir.

Ce qu'il y a de fort singulier, en tous cas, c'est que, si les gens de Hongrie donnèrent leurs Armes aux Croy, les Croy donnèrent leur Nom aux gens de Hongrie; de telle sorte, qu'il y eut là comme une fusion complète entre deux hautes et influentes Maisons.

A dater du mariage de Marc de Hongrie avec Catherine d'Araines et de Croy, il n'y eut plus deux familles distinctes, mais une seule et unique souche, ayant le même nom, le même blason, la même destinée. Le nom fut Croy; le blason, celui de Hongrie; la destinée, le service obstiné — et fidèle jusqu'à l'abnégation — des causes justes, des idées supérieures. Robustes rejetons de cette souche vigoureuse, les Croy servirent noblement l'Église et le Prince, furent de fermes soutiens des devoirs chevaleresques et, à Bouvines comme aux champs d'Azincourt, n'hésitèrent pas un instant à répandre leur sang et à donner leur vie pour la défense de la Patrie et le renom de l'Honneur National, qui, à cette époque, se synthétisait en la personne du Roy.

XLIX

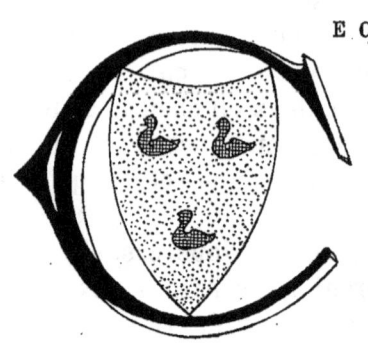
e qu'il y a de certain aussi, c'est que, à dater du mariage de Marc et de Catherine, les Armes de Hongrie furent, pendant deux générations, les Armes des Sires de Croy et d'Araines.

En effet, Jean, leur fils aîné, ne porta d'autres Armes que les dites *Armes de Hongrie*. Il épousa la fille du Vicomte de Beaumont-sur-Oise, qui portait : *de gueules à l'aigle d'argent semé de senais d'hermine*, les dits senais " estant fers de flesches la poincte en bas „. Mourut sans génération, tué, à ce qu'il paraît, à la célèbre journée de Bouvines, où Philippe-Auguste fut vainqueur de l'Empereur Othon IV (1214).

Guillaume, frère de Jean, et deuxième fils de Marc et de Catherine de Croy, devenu Chef de Maison par le décès de son aîné, " osta la burelle du fond de l'escu „ et par ainsi porta : *fascé d'argent et de gueules de VI pièces* (1214) (1). Ces Armes devinrent les Armes personnelles des Croy, qui, jusque-là, ayant sans doute abandonné leur blason ancien, avaient simplement accepté celui de Hongrie.

Ce deuxième fils de Marc, qui modifia l'écu de Hongrie pour en faire celui de Croy, épousa Anne de Ghisnes, qui portait, elle : *vairé et contre-vairé d'or et d'azur*.

---

(1) Ce qu'il y a d'assez bizarre, c'est que les Polignac de France portent ces mêmes Armes, *fascé d'argent et de gueules de VI pièces*.

Jacques, fils aîné de Guillaume et d'Anne de Ghisnes, portait *les Armes de son père*. Épousa Marguerite de Soissons, qui portait : *d'or, au lion léopardé, passant, de gueules, à la bordure engrellée de même*. Ce Jacques fut surnommé l'Ancien, parce qu'il vécut très vieux et qu'on voulait le distinguer de son fils aîné, qui portait, comme son auteur, le même nom de Jacques.

Jacques, fils de Jacques l'ancien et de Marguerite de Soissons, épousa Marie, fille du Baron de Picquigny (1313), qui portait : *fascé d'argent et d'azur de VI pièces, à la bordure de gueules*.

Guillaume, leur fils, Seigneur de Croy et d'Araines, épousa Ysabeau, Dame de Renty et de Senighem. Elle était fille de Messire Adrien, Seigneur des dits lieux, et de Dame Marie de Brimeux. Les Renty portaient : *d'argent, à III doloires de gueules, deux en chef adossées, une en poincte*. Le mariage de Guillaume de Croy avec Ysabeau de Renty n'eut lieu (1354) " qu'à la condition toutefois que le filz aisné yssant de ce mariage escartellerait ses Armes de Croy et de Renty, en mémoire perpétuelle de cette alliance (1) „. Les Brimeux portaient : *d'argent, à III aigles de gueules membrées et becquées d'azur, deux en chef, une en poincte* (2).

L

La Chronologie des Ducs de Croy, de Cuchet, indiquée supra, qui se trouve à la Bibliothèque Royale de Bruxelles, sous le litt^a G, N° 1450, contient dans ses pages initiales

---

(1) Jean Scohier. Ouvr. cité, p. 6.
(2) La terre de Renty est en Artois, à douze lieues d'Arras, quatre de Saint-Omer.

un folium qui n'appartient pas à l'ouvrage et qui a été ajouté et intercalé on ne sait ni quand, ni pourquoi, ni par qui. Cette page donne, supérieurement gravées, les Armes des Croy, comme suit :

Escartelé : au premier, *d'azur aux III fleurs de lys d'or,* qui est de France; au deuxième, *burellé d'argent et d'azur de X pièces, au lion rampant de gueules, armé, lampassé, couronné d'or,* qui est de Luxembourg; au troisième, *d'argent, à la fasce bandée d'or et de gueules de VI pièces,* qui est de Pons; au quatrième, *de gueules plein,* qui est d'Albret; un escu, *burellé d'argent et de gueules, de VIII pièces,* qui est de Hongrie, *sur le tout.*

Ces Armes sont timbrées de la Couronne royale de Hongrie, avec la devise sur banderole : Sanguis regum Hungarie, et flanquées de deux hommes d'armes tenant chacun une lance, avec banderole aussi, sur laquelle on lit : à dextre, Jerusalem; à senestre, Crouy salve tretous.

Les Armes les plus simples, — un métal et une couleur, un émail et une pièce, un champ et une figure, etc., — étant les plus rares et les plus anciennes, et les Armes compliquées par un luxe de partitions, de figures, de pièces, d'attributs, etc., étant, en général, de constitution plus récente et plus moderne, la simple inspection des Armes de la Chronologie de Cuchet démontre qu'elles ne peuvent être le blason primitif de l'antique Maison des Croy.

Aussi, ces Armes ne sont-elles pas les Armes des Croy d'Araines, mais bien celles — comme elles l'indiquent elles-mêmes du reste — de la branche collatérale des Croy-Chanel, que les descendants de Marc de Hongrie ne veulent reconnaître que comme telle et à qui, dans le temps, ils ont même contesté le droit de porter leur nom.

Du reste, et sans compter même les Croy-Chanel, il y a bien d'autres Croy encore : le Croy-Dulmen, les Croy de Solre, les Croy de Rœulx, etc., qui tous, de branche cadette ou collatérale et pour se distinguer entre eux, ont modifié, brisé, chargé, surchargé et même surécartelé leurs Armes.

Le blason des Croy-Chanel, avec ses IV quartiers différents et son écu brochant, n'a donc rien qui nous surprenne ; il prouve simplement qu'il est de combinaison relativement récente et qu'il n'est pas le blason initial de la Famille.

Ce qu'il y a de documentairement certain, c'est que les armes des Croy d'Araines — c'est-à-dire de la famille première de cette noble Maison — étaient :

A. Au XIIe siècle : *burellé d'argent et de gueules de VIII pièces*, qui est de Hongrie;

B. Au XIIIe : *fascé d'argent et de gueules de VI pièces*, qui est de Croy;

C. Au XIVe, ESCARTELÉ : *au premier et dernier*, de Croy ; *au deuxième et tiers*, de Renty, et que ce sont ces Armes écartelées qui, depuis ce dit XIVe siècle, sont les seules pleines, authentiques et légales de la Famille. Or, ce sont précisément ces dites Armes — accostées des Ruches et des Mouches à miel, caractéristique d'un chef de Maison — qui sont reproduites sur la pierre héraldique possédée par la famille Stevens.

LI

JEAN DE CROY, fils de Guillaume et d'Ysabeau de Renty, portait, et ce en suite de la convention matrimoniale de 1354 :

ESCARTELÉ : au premier et dernier, *fascé d'argent et de*

gueules de VI pièces, qui est de Croy; au second et tiers, *d'argent à III doloires de gueules, deux en chef adossées, une en poincte*, qui est de Renty.

D'aucuns cependant, — et entre autres La Collection de Portraits indiquant la Généalogie et Descente de Ceux de la Maison de Croy, etc., Tom. II, — d'aucuns prétendent que les Armes devaient être *parties* et non *escartelées,* et donnent à Ysabeau, femme de Guillaume, l'escu *parti* avec de Croy à dextre, de Renty à senestre.

C'eût été plus logique et plus conforme à la stricte règle héraldique ; mais néanmoins nous pensons que, dès le principe, les Armes furent *escartelées* et que Jean de Croy les portait telles que nous les avons indiquées supra.

Jean de Croy épousa, en 1379, Marguerite de Craon (1), Dame de Thon-sur-Marne, qui portait : *lozangé d'or et de gueules*. Il fut Grand-Maître d'Hôtel de Charles VI de France et Premier Chambellan des Ducs de Bourgogne Philippe le Hardy et Jean sans Peur.

" Monstrelet, parlant de ce Messire Jean de Croy, dict qu'il fut retenu par les gens du Duc d'Orléans, allant en commission pour le Duc de Bourgoigne vers Charles 6, Roy de France (ce qu'aultres attribuent à Jean dict le Camus, Duc de Berry), cause de nouuelle esmotion contre le Duc d'Orleâs, car le Duc de Bourgoigne aimoit fort Messire Jean de Croy. Mais au moyen qu'Archambault de Croy, filz aisné du dict Messire Jean, trouua, ayant enmené les Enfans du Duc de Bourbon au chasteau de Renty (pourceque le dict de Bourbô suiuait la partie du Duc d'Orleans), Messire Jean de Croy, eschangé pour les Enfans de Bourbon, fut renuoyé

---

(1) Craon est une petite ville du Maine, diocèse du Mans, sur l'Oudon, affluent de la Mayenne.

et mis au deliure. Se trouve dauantage qu'Archambault de Croy, retenu au chasteau du boys de Vicennes (aucuns disent du Mont-le-Henry) par subtilité réciproque de Jean son père, fut eslargi. Ils moururent tous deux, assauoir : Messire Jean de Croy et Archambault son filz aisné, au lict d'honneur, en la bataille d'Azincourt, autrement dicte Rouceauville, l'an 1415, 28 d'Octobre (1), et furent leurs corps ensepueliz en l'Église Saint-Bertin à Sainct-Omer, où gisent auecques Madame Marguerite de Craon, estant ces vers engrauez sur la sépulture :

Croy, Renty, Picquigny, Brimeux
Priez pour l'Ame du Chevalier pieux.

Craon, Flandre, Chastillon et Coucy
Donnez obsèques à la Dame quy gist cy (2). „

LII

D'Archambault, fils aîné de Jean, mort avec son père à la bataille d'Azincourt, avait épousé Jenne de Peruwez, — veuve de Messire Jean de Fosseux, Sire de Neufville, — la dite Dame portant : *Echiqueté d'or et de gueules de V tires, au lion de sable, armé et lampassé d'or, brochant sur le tout* (3). De Fosseux portait : *de gueules à III jumelles d'argent.*

(1) Antoine de Craon, allié de famille de Jean et d'Archambeau de Croy, périt également à la Journée d'Azincourt.
(2) *Généalogie et descente de la très illustre Maison de Croy*, par Jean Scohier, Beaumontois. — Douai, V° Jacq. Boscard, à l'Ecu de Bourgongne. L'An CIƆIƆLXXXIX, p. 8.
(3) Lovvan Geliot, *La vrayè et parfaite Science des Armoiries, ov L'Indice, Armorial*, etc. Paris, Helie Hosset. M. D. C. LXI, donne à la page 672, ligne 21°, les Armes de *Perves* (Perués ou Perwès ?) comme suit : *de gueules à III cornets d'or*. L'écu *échiqueté d'or et de gueules*, etc., est indiqué par J.-B. Rietstap, *Armorial général*. Gouda, G. B. van Goor, Zonen. 1887. Tom. II, p. 418.

D'Archambault ne laissa point de postérité, de façon que ses droits d'hoirie et de succession passèrent à son frère Anthoine, devenu maisné du dit Messire Jean de Croy, et de Dame Marguerite de Craon.

LIII

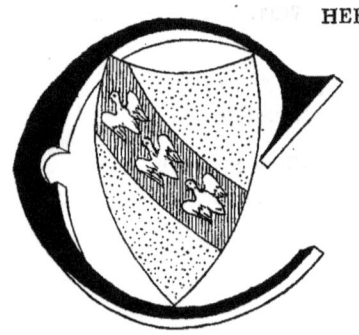

HEF de famille par la mort de son père Jean et de son frère Archambault, décédé sans génération, Anthoine de Croy était Seigneur d'Araines, de Renty et de Senighem, et portait les pleines Armes écartelées de sa Maison, sans brisure ou surcharge. C'était un ami dévoué et de la première heure de Philippe le Bon, pour l'affection duquel il abandonna les honneurs et les charges de la Cour de France.

Il épousa en premières noces Marie-Jenne de Roubaix, qui portait : *d'hermines au chef de gueules*, et dont il n'eut qu'une fille du nom de Marie.

Puis, étant veuf, et Chevalier de l'Ordre de la Thoison d'Or, nouvellement et solennellement institué par Philippe de Bourgogne, il épousa en secondes noces, en 1432, Dame Marguerite de Lorraine, qui, du chef de sa mère, Marie de Harcourt (1), était Dame des seigneuries et terres d'Aerschot et de Bierbeek. Dame Marguerite de Lorraine portait : *d'or, à la bande de gueules chargée de III alérions d'argent*, qui est de Guise.

(1) D'Harcourt portait *de gueules à II fasces d'or*.

En 1439, Anthoine acheta du Duc d'Orléans la Comté de Porcean (1) et, quelque temps après, la Comté de Beaumont-en-Haynault, les seigneuries de Chièvres et du Rœulx et la baronnie de Mont-Cornet en Tirasce *(Theorascia)*.

C'était un haut et puissant Seigneur et, avec son frère Jean, — troisième fils de Jean de Croy et de Dame Marguerite de Craon, premier Comte de Chimay, Seigneur de Tour-sur-Marne, Chevalier de la Toison d'Or, — " un des piliers de la Maison de Bourgongne „, comme dit Jean Scohier.

Et, de fait, ami intime du Duc de Bourgogne, qui le traitait de *Cousin*, familier de sa Maison souveraine, son frère d'armes sur les champs de bataille, il accompagna le Duc Philippe dans son voyage à Paris, en 1420, — quand celui-ci alla demander justice de l'assassinat de son père; — fut, avec le Sire de Pontaillier, son ambassadeur auprès de Charles VII, au Traité d'Arras (2), et tint sur les fonts baptismaux le dernier fils légitime de son puissant Seigneur. Il lui donna le prénom de Charles et, au jour du Baptême, le créant Chevalier, lui mit au cou son propre collier de la Toison d'Or (Novembre 1433) (3).

En outre, Anthoine de Croy était Premier Chambellan de Philippe le Bon et, en cette qualité, avait la clef de la chambre du Prince, occupait le premier appartement après celui du Duc, était le gardien du Sceau ducal, entrait au Conseil de guerre, portait la Bannière de bataille et, comme Lieutenant de son Maître, exerçait l'autorité sur toute sa Maison.

(1) Le Château de Porcean *(Castrum Portianum)* était situé en Champagne, entre Rethel s/ Aine et Sedan s/ Meuse. Il formait un coin du Rethelois.
(2) DE BARANTE, *Histoire des Ducs de Bourgogne*, 4ᵉ éd. Paris, Ladvocat, 1826. Tome VI, p. 337.
(3) Charles le Téméraire, — comme nous l'avons vu plus haut, § XXXIV, — était né à Dijon, le 12 Novembre 1433.

Château de Porcean (D'après une gravure ancienne).

Enfin, pendant qu'il avait conquis toute la confiance et toutes les faveurs du puissant vassal de Charles VII de France, il avait une haute influence dans l'entourage de la Duchesse Ysabeau, car sa sœur, Agnès de Croy, — qui mourut « sans avoir convolé en justes nopces „, — était grande Maîtresse de la Maison de la dite Duchesse (1).

Cette haute faveur devait, naturellement, lui créer des ennemis, parmi lesquels, et au premier rang, son propre filleul, Charles de Bourgogne, Comte de Charolais, qui, devenu pubère et robuste, n'épargna rien pour le discréditer et le perdre.

Un jour, aidé et conseillé par son âme damnée, son secrétaire Anthoine Michel, il s'avisa d'accuser Anthoine de Croy et son frère Jean d'astuce, de traîtrise et de félonie; leur reprocha de les trahir, son père et lui, et soutint hautement qu'ils avaient voulu, eux Sires de Croy, livrer les villes et forteresses de la Somme au Roi de France (1457).

Indignés, les Croy repoussèrent fièrement cette malveillante accusation et, pendant que son frère Jean partait pour sa terre de Chimay, Anthoine se retira en son château de Porcean.

Cela ne fit pas l'affaire du Duc Philippe, qui rappela immédiatement ses deux amis et voulut sévèrement agir contre son téméraire héritier. La discussion fut si vive, dit-on, que le Duc de Bourgogne chassa son fils, et, au comble de l'exaspération, monta à cheval et se lança à travers champs. Il y erra toute la nuit et ne retrouva sa route et son calme qu'aux Sept Fontaines *(aen de cluse der Zeve-*

---

(1) Agnes gubernatrix familie Isabelle Lusitane, uxoris Philippi Boni Burgundiæ Ducis, obiit innupta. (SANDERUS. Ouvr. cité. In Heverl. Celest. Caput tertium, f° 19.)

borre), dans la Forêt de Soigne, près du feu d'un pauvre charbonnier, qui le remit en bon chemin (1).

Les Croy, revenus à la prière du Duc, intercédèrent pour leur persécuteur, " et par l'intercession d'iceulx Seigneurs, le bon Duc Philippes, qui se monstroit fort difficil, pardonna à son Filz son maltalent (2) „.

Seulement, l'honnête secrétaire Anthoine Michel paya les pots cassés : il fut chassé sans pitié. Cette disgrâce, méritée semble-t-il, était, à ce qu'il paraît, la condition du pardon de Philippe de Bourgogne (1458).

LIV

La chose, cependant, recommença de plus belle en 1461. Philippe de Croy, fils de Messire Anthoine et de Dame Marguerite de Lorraine, avait à cette époque vingt-huit ans, le même âge que le Comte de Charolais, étant né comme lui en 1433.

Au Xe chapitre de l'Ordre de la Thoison d'Or, tenu, le 2 Mai 1461, en l'Église de Saint-Bertin, à Saint-Omer, on voulut nommer Philippe de Croy Chevalier de l'Ordre. Le Comte de Charolais s'y opposa véhémentement et usa de tout son pouvoir pour faire échouer l'élection de Philippe. Néanmoins, celui-ci obtint le plus de voix après le dernier élu et fut déclaré Chevalier de l'Ordre, au cas où le dit dernier élu n'accepterait pas cette haute dignité.

Ce dernier élu était Adolphe, fils du Duc de Gheldre,

---

(1) ALPH. WAUTERS, *Histoire des Environs de Bruxelles.* Bruxelles, Van der Auwera, 1855. Tome III, Livre X, chap. 3, p. 700.

(2) JEAN SCOHIER. Ouvr. cité, p. 11.

Comte de Zutphen, qui avait pour emblème un aigle aux ailes éployées, posé sur une sphère, et pour devise, cette hautaine parole : *Altiora peto*.

Il s'empressa d'accepter l'honneur qui lui était fait et de notifier son acceptation, par lettre adressée au Duc Souverain.

Philippe était donc Chevalier sans l'être, élu, sans avoir son rang dans l'Ordre, et destitué de ses droits, par les intrigues et le *veto* du fils de Philippe le Bon.

Le Comte de Charolais ne s'en tint pas là. Aussi rancunier que téméraire, il revint sur des choses anciennes, accusa de nouveau ses adversaires, saisit le Chapitre de l'Ordre de son différend avec les Croy et mit en cause le Comte Anthoine, son frère Jean, Sire de Chimay, et leur beau-frère, Hugues de Lannoy, qui, comme eux Chevalier de l'Ordre, avait épousé Jehenne, fille de Jean de Croy et de Marguerite de Craon.

La chose ne réussit pas mieux cette fois-ci que la fois précédente, et le Chapitre de l'Ordre se sépara en remettant l'affaire à une autre session.

Mais, alors que le Comte de Charolais grandissait en puissance, importance, prétentions et violence, Anthoine de Croy et son vieil ami et Souverain Philippe déclinaient et se faisaient vieux : celui-ci avait soixante-cinq ans, celui-là septante-six, et d'ordinaire ce n'est plus l'âge des coups d'audace et des choses viriles.

Néanmoins, Anthoine répondit fièrement, en 1466, — il avait alors quatre-vingt-un ans, — à Mgr de la Roche, bâtard de Bourgogne, que le Comte de Charolais, son frère, lui avait député pour lui intimer sa volonté :

" Monseigneur de la Roche, je vous ay bien oy, et croy

bien que pour tout bien m'avertissez de ce que me dites, et vous en mercie ; mais, pour paroles de gens je ne m'esbahis poinct, et ne suis poinct aussi chétif comme on me faict. Par l'âme de mon père ! je ne me soffrirai poinct fouller à bras ploiez et à genoulx en terre ! Monseigneur de Charolais me hait et tout mon lignage, et nous deffera trestous, ce dit. Je y mettrai remède, si le puis, et dès jà y ay pourveu. Et quand il vouldra cela emprendre, et que je serois trop foible pour ly, je trouverai garant peut-estre en tel lieu, là où force ne sera pas sienne (1). „

Ces audacieuses et altières paroles ne devaient certes pas plaire au fougueux et irritable Bourguignon et durent grandement envenimer les choses.

LV

Aussi, à peine Philippe le Bon était-il descendu dans la tombe (15 juin 1467) et le Sire de Charolais avait-il échangé son titre de Comte contre celui de Duc Souverain des États de Bourgogne, Brabant, Hainaut, Flandre, Pays-Bas, etc., qu'il convoqua, en une salle de son hôtel ducal, à Bruges, le 28 Avril 1468, le XIe chapitre de l'Ordre. Le lendemain, 29 du même mois, en séance du chapitre, le Téméraire accusa Anthoine et Jean de Croy, ainsi que Hugues de Lannoy :

1° De trahison et de conspiration contre sa personne, quand il n'était encore que Comte de Charolais ;

2° D'avoir voulu s'emparer des places et forteresses de Boulogne, Namur et Luxembourg ;

(1) G. Chastelain. Chroniq. Ch. CCI à CCXXIV.

3° De s'être alliés avec les Rois de France et d'Angleterre, ainsi qu'avec d'autres de ses ennemis, pour mieux faire réussir leurs pernicieux projets ;

4° De l'avoir injurié et diffamé ;

5° D'avoir mis tout en usage pour fomenter la division entre lui et feu son père.

Le Téméraire fit ensuite connaître à l'Assemblée qu'il avait déclaré ces trois Chevaliers ses ennemis personnels, les cita pour le lendemain à l'hôtel de l'Évêque de Tournay, Chancelier de l'Ordre, et leur laissa le choix entre ces deux partis : ou admettre la décision de l'affaire par la voie de la justice ordinaire, ou implorer sa grâce et miséricorde.

Charles de Bourgogne, qui avait pu apprécier les Croy depuis son berceau et qui avait été tenu sur les fonts baptismaux par le vieil Anthoine, ne connaissait guère, s'il s'imaginait les effrayer par ses accusations et ses menaces, les vaillants à qui il avait affaire.

Les Croy, plus surpris qu'intimidés, réclamèrent les voies de la justice ordinaire. Mais, quand ils virent que leur ennemi prétendait être juge et partie et qu'ils surent de quelle façon il besognait, ils revendiquèrent fièrement leur qualité de Chevaliers de la Toison d'Or, demandèrent à être renvoyés devant le tribunal de leurs pairs et exigèrent d'être jugés selon les statuts, lois et ordonnances de l'Ordre.

LVI

Le Téméraire le leur refusa brutalement et, le 6 Mai 1468, leur fit notifier, par le Chancelier de l'Ordre accompagné du Greffier et du Roi d'Armes : " qu'il les accusait de crime de lèse-Majesté qui ne regardait que sa personne ; que c'estait à luy, comme leur Prince naturel et droicturier Seigneur, à cognoistre de ces crimes; que l'Ordre, n'ayant cognoissance qu'en matière d'honneur, n'a punition qu'en honneur; que si, du reste, il s'élevait quelque question de la compétence de l'Ordre, on la remettrait aussitôt à la décision des Chevaliers ; qu'enfin, si les accusés ne voulaient se soumettre à la décision de son tribunal, il voulait bien permettre qu'ils se retirassent où bon leur semblerait ; mais que, comme il les avait déclarés ses ennemis, il les regardait comme tels et avait résolu de ne plus les recevoir, ni de communiquer avec eux (1) „.

A cette insolente, habile et injuste notification, les Croy ceignirent leur épée, passèrent la nuit en veillée, prêts à toute attaque, et le lendemain, septième jour du dit mois de Mai de l'an 1468, enfourchèrent leurs robustes destriers; puis, suivis de leurs féaux et de leurs varlets, ils quittèrent lentement les murs de la Ville de Bruges.

Ils se retirèrent dans leurs terres.

Orgueilleux et cruel, ne reculant pas plus devant une infamie que devant une sanglante boucherie, — le sac de la Ville de Liége en est et reste un éternel témoin (2), —

---

(1) Baron DE REIFFENBERG, *Histoire de l'Ordre de la Toison d'Or*, etc. Bruxelles, MDCCCXXX, p. 45.

(2) Quarante mille personnes périrent dans le sac de la noble cité de Liége et dans la dévastation du Pays de Franchimont, et ce aux applaudissements des seigneurs et alliés du Téméraire. L'Église seule prit la défense des faibles, et le Pape Paul II lança une Bulle d'excommunication majeure " contre tous ceux qui avaient pris part à la destruction de Liége „ (1468). Charles de Bourgogne, épouvanté, chercha à racheter son crime par des largesses aux églises. Entre autres, il fit don, à ce qu'il paraît, d'une statue de Saint Lambert, en or massif, à la Cathédrale liégeoise.

le Téméraire recula néanmoins devant l'attitude de ses puissants et intrépides vassaux; il n'osa ni les poursuivre, ni les attaquer, sachant sans doute, en suite du rapport de Mgr de la Roche " que là, force ne serait point sienne „.

LVII

Seulement, il s'en prit au Conseil de l'Ordre, qu'il crut pouvoir morigéner.

Il fit connaître aux Chevaliers que, pendant la discussion de l'affaire des Croy, il lui avait semblé qu'ils paraissaient disposés à favoriser les trois ajournés au préjudice de son service, et qu'ils avaient aussi témoigné vouloir attribuer au Chapitre de l'Ordre la connaissance de tous actes criminels et autres que les Chevaliers pourraient commettre.

A cette accusation, les Chevaliers répondirent par un Mémoire, présenté au Duc Souverain par le Chancelier, — c'était, comme nous l'avons dit plus haut, l'Évêque de Tournai, — et signé par le Greffier de l'Ordre, Mémoire dans lequel ils déclaraient :

" Quant au premier point : qu'ils n'avaient iamais pensé accorder la plus légère faveur aux accusés, ni à quiconque voudrait entreprendre la moindre chose contre le service du Souverain; et, quant au second point : qu'ils n'avaient iamais eu l'intention de vouloir entreprendre cognoissance de cas de crimes ; car à luy et à sa iustice, à cause de sa haulteur et seigneurie, en appartenoit la cognoissance (1). „

Le Duc, voyant la bonne et humble volonté du Conseil, décréta alors, *motu proprio :*

" Que luy et ses successeurs pourront, se bon leur

---

(1) Baron DE REIFFENBERG. Ouvr. cité, p. 47.

semble, avoir cognoissance, décision et détermination de touts cas de crime qui seront par aulcun nostre subject Chevalier du dict Ordre commis et perpétrez, et faire, ou faire faire, le procès contre le dict Chevalier, ainsy qu'il appartient, et selon que la matière y sera disposée; et sur le dict procès procéder à condemnation (1). „ Cependant, l'exécution en était suspendue, et on en appelait à l'Ordre pour la parfaire.

Ce décret du Souverain fut ratifié par le Chapitre de l'Ordre, qui s'inclina ainsi humblement devant l'autorité légitime de son Seigneur.

LVIII

Mais il reprit bientôt sa ferme indépendance et liberté; car, après avoir examiné la conduite des Chevaliers, il passa à celle du Souverain, et, ayant exactement informé, il lui remontra très humblement, mais très nettement, les points suivants :

1° « Que mon dict Seigneur, saulf sa benigne correction et révérence, parle parfois un peu aigrement à ses serviteurs, et se trouble aulcunes foys en parlant des princes;

2° „ Qu'il prend trop grand'peine, dont fait à doubter qu'il en puist pis valoir en ses anciens iours;

3° „ Que, quand il faict ses armées, lui pleust tellement drechier son faict, que ses subiectz ne fuissent plus ainsy travaillez ne foullez, comme ils ont été par cy devant;

---

(1) Baron DE REIFFENBERG. Ouvr. cité, p. 50.

4° „ Qu'il veuille estre bening et attempré et tenir ses pays en bonne iustice ;

5° „ Que les choses qu'il accorde et dict, luy plaise entretenir, et estre veritable en ses paroles ;

6° „ Que le plus tard qu'il pourra il veuille mettre son peuple en guerre, et qu'il ne le veuille faire sans bon et meur conseil (1). „

C'était là un franc et mâle langage, qui ne devait guère plaire à Mgr le Duc, mais qu'il dut recevoir " bénignement „, incapable qu'il devait se sentir de briser la légitime fierté des Chevaliers de l'Ordre. En effet, ces nobles Seigneurs ne se gênaient aucunement pour lui reprocher nettement son aigreur, son agitation perpétuelle, son inhumanité, ses emportements, ses mensonges et son brutal despotisme.

Vive Dieu ! c'étaient de rudes hommes que ces preux chevaliers, qui — comme Pierre du Terrail — devaient être *sans peur et sans reproche,* et le prince autoritaire, qui pensait les amener à merci, a dû se sentir étrangement humilié.

Et d'autant plus qu'ils ne s'en tinrent pas là. Ayant examiné la conduite publique et privée d'un favori de Charles de Bourgogne, — de cet Adolphe de Gheldre, ce concurrent de Philippe de Croy, que les intrigues du Comte de Charolois avaient fait préférer à celui-ci, — ils accusèrent hautement le Comte Adolphe de détenir inhumainement prisonnier le vieux Duc de Gheldre, son père ; lui infligèrent une publique et solennelle admonition, le déclarèrent indigne et l'obligèrent à rendre la liberté à l'auteur de ses jours (2).

(1) Baron DE REIFFENBERG. Ouvr. cité, p. 54.
(2) Ce fut aussi pendant ce remarquable XIe Chapitre (la XIXe fête de l'Ordre) qu'Édouard IV d'Angleterre fut nommé Chevalier de la Thoison d'Or et qu'en retour Charles le Téméraire reçut l'Ordre Royal de la Jarretière.

LIX

Quoi qu'il en soit, le Duc de Bourgogne laissa dorénavant ces trois de Croy en paix et parut ne plus s'en souvenir.

C'est d'autant plus étrange, que lui, qui vécut l'épée au poing; qui ne pardonna et n'oublia jamais une atteinte faite à son orgueil; qui, dans sa puissance, traitait d'égal à égal avec son suzerain, et dont le sang royal devait bientôt se mêler au sang impérial des Habsbourg, se désintéressât ainsi d'hommes qu'il avait déclarés " ses ennemis personnels „ et qu'il poursuivait d'une aveugle et implacable haine.

En guerre contre son Roi, contre ses voisins, contre son Peuple, contre tout le monde, appréhendait-il peut-être d'ajouter encore à toutes ces querelles et à tous ces combats une lutte acharnée avec de puissants vassaux, qui pouvaient lui résister bannière au vent, lance en arrêt et visière baissée? et craignait-il de voir entrer en lice contre lui, suivis de leurs parents, amis, féaux et fidèles, les Seigneurs d'Araines, de Renty, de Senighem, d'Arschot, de Porcean, de Beaumont, de Chièvres et de Chimay, à qui Louis de France pouvait prêter appui? Et d'autant plus, que le dit Sire de France — qui savait si merveilleusement dissimuler — devait avoir au fond du cœur, contre lui, Duc de Bourgogne, une vieille rancune et un vigoureux ressentiment : il pouvait se souvenir qu'à Péronne il avait été le captif de son rude vassal et à la merci de sa brutale violence.

Il le faut croire, car Anthoine s'éteignit paisiblement, en 1475, à l'âge de nonante ans, en son domaine de Porcean, où, en la chapelle du château, gît sa dépouille mortelle, aux côtés de sa fidèle compagne, Dame Marguerite de Lorraine (1).

Moins de deux ans après, le 5 Janvier 1477, on retrouvait le cadavre nu et ensanglanté du Téméraire, pris dans les glaçons d'un fossé de Nancy, sans que l'on pût savoir qui ainsi l'avait dépouillé de sa brillante armure et de ses hardes précieuses.

Était-ce le vainqueur, ce Sire de Saint-Dié, qui, paraît-il, lui donna le coup mortel ? ou bien un malandrin quelconque, rôdeur de nuit, qui, après la bataille, en avait fait sa proie et l'avait ajusté de cette façon ? Nul ne le put dire, et ses serviteurs, qui l'avaient abandonné dans la mêlée et la mort, ne purent que lui rendre les derniers devoirs.

Comme le dit brièvement, mais gravement, un vieil auteur, " il perdit ses richesses à Granson, ses hommes à Morath et la vie à Nancy, suivant ce Distique faict à la mode Alemande :

In rebus Gransen, grege Murthen, corpore Nanssen (2). „

Avec lui finit l'éclat de la Maison de Bourgogne et commence le lustre de la Maison d'Aragon, de Castille et d'Espagne.

" Le Duché de Bourgongne estant Appanage et grand Fief de la Coronne de France à laquelle il retourne au défaut d'Enfants masles, issus et procréés en loyal mariage (3), „ revint donc, à la mort du Téméraire, au domaine royal de Louis XI, et ce en vertu même de l'Acte d'érection du Roi Jean II.

---

(1) JEAN SCOHIER. Ouvr. cité, p. 11.
(2) ANDRÉ FAVYN. Ouvr. cité, tome II, livre IV, p. 940.
(3) Id., ibid., p. 933.

Il avait duré cent quatorze ans (1363 à 1477) et n'eut que Quatre Ducs : un Hardy, un Mauvais, un Bon et un Détraqué jusqu'à la témérité (1).

Un Bon — et encore ! — sur quatre, c'est peu ! Et cependant, cette proportion dépasse, et de beaucoup, celle de la plupart des Maisons souveraines, incapables même de présenter un bilan aussi respectable de leurs chefs couronnés.

La mort du Téméraire mit fin à la disgrâce des Croy, qui, sous Maximilien, Charles-Quint et Philippe II d'Espagne, rentrant pleinement en faveur, restèrent depuis fidèlement attachés à la fortune, bonne ou mauvaise, de la Maison d'Autriche, comme l'avaient été leurs aïeux à la Maison de Bourgogne.

Ils avaient la mémoire du cœur et ne mentaient pas à la devise ancienne de leur Famille, que le vieil et rigide Anthoine avait formulée d'un mot :

SOUVENANCE !

Parole grave et profonde, que, deux siècles après, la tête déjà sur le billot fatal, Charles Ier d'Angleterre devait, en un

(1) Philippe le Hardy occupa le trône ducal pendant quarante et un ans (1363-1404); Jean le Mauvais pendant quinze ans (1404-1419); Philippe le Bon pendant quarante-huit ans (1419-1467); Charles le Téméraire, pendant dix ans (1467-1477).
Hannotin et le Guerroyeur eurent les règnes les plus courts, — trop longs encore pour tout le mal qu'ils ont fait !
Charles de Bourgogne, cependant, avait eu une idée géniale, — si tant est qu'elle vînt de lui et ne fût pas née dans le cerveau de son père Philippe. Le Téméraire avait voulu reconstituer l'ancienne *Gallia Belgica* — dans les limites, à peu près, de laquelle se trouvaient ses possessions — et prendre le titre de Roi. En présence du protestantisme Teuton et de la ploutocratie sémite, — qui, à la brutalité de l'invasion joignent la corruption de la banque, — on peut comprendre aujourd'hui surtout que la reconstitution, en une puissante unité fédérative, de l'Aquitaine, de la Celtie et de la Belgique ancienne, aurait été, par son large esprit chrétien et communier, plus profitable à l'Église, à l'Europe et à la généreuse Race latine, que l'édification de l'orgueilleuse monarchie de Louis XIV, célèbre par sa littérature payenne, son écœurant servilisme et sa dépravation de bonne compagnie.

murmure suprême, répéter à Juxton : Rééé... Parole austère et solennelle, qui, bien comprise et fermement appliquée, préserve des erreurs et des chutes du passé, console des épreuves du présent et prépare l'action de l'avenir.

Et chose surtout qui donne à penser :

La puissante Maison de Bourgogne a, comme Maison souveraine, disparu depuis plus de quatre siècles; aujourd'hui, il n'en reste plus trace.

La Maison de Croy, tout aussi haute, plus fière peut-être, mais où il y avait moins d'orgueil féroce et plus d'humilité véritable : la Maison de Croy, — malgré la division indéfinie de la Propriété, malgré l'abolition des Majorats et la destruction, de par la loi positive, de ce Domaine familial, — la Maison de Croy reste vaillante en son entité, sa filiation et son lustre ; et quand elle élève haut encore son Escu *fascé d'argent et de gueules de VI pièces*, il n'y a plus personne pour tenir légitimement le blason fleurdelisé de Bourgogne.

Austère et rigoureux enseignement, qui doit nous rappeler la foudroyante Parole de l'Écriture : *Flavi! ubi sunt?* qui nous prouve que les Orgueils, les Puissances et les Dominations de la Terre ne sont rien en présence de l'Immanence du Très-Haut, et qui nous démontre — presque mathématiquement — que les hautes races conquérantes et royales sont vouées à une future et implacable disparition finale.

LX

Anthoine de Croy, né en 1385, mort en 1475, laissa neuf enfants :

A. De son premier mariage avec Dame Marie-Jenne de Roubaix, il n'eut qu'une fille, qui, comme sa mère, porta le nom de Marie et devint la femme de messire Henri, Vicomte de Montfort-sur-Yssel (1) ;

B. De son second mariage avec Dame Marguerite de Lorraine, il eut :

a) Trois garçons :

1° *Philippe*, aîné ;
2° *Jean*, Seigneur de Rœulx ;
3° *Charles*, mort en bas-âge.

b) Cinq filles :

1° *Jenne*, femme de Louis de Bavière, dit *le Noir*, Comte Palatin des Deux-Ponts ;

2° *Marie*, mariée en premières noces, avec Guillaume de Los (de Looz), Comte de Blankenheim ; en secondes, avec Georges, Comte de Wernemburg ;

3° *Ysabeau*, femme de Guy d'Estouteville, Seigneur de Moyon ;

4° *Jacqueline*, femme de Jean, Baron de Ligne, Chevalier de la Toison d'Or ;

5° *Jeanne*, Abbesse aux Cordelières du faubourg Saint-Marcel, à Paris, où elle mourut en 1512.

(1) Montfort-sur-Yssel, forte ville des Pays-Bas, province d'Utrecht, à deux lieues et demie de cette dite ville, avec ancien château seigneurial.

Cette Jeanne de Croy ne fut pas la seule damoiselle de la Famille qui embrassa la vie religieuse.

Charlotte de Croy, deuxième fille de Henry et de Charlotte de Chasteau-Bryant, fut d'abord Sœur, puis Abbesse au Couvent des Chanoinesses de Ghislenghien, fondé, au xie siècle, par Ida de Chièvres.

Une de Croy fut même une humble recluse du Béguinage de Tongres. En effet, l'Église du dit Béguinage possède un devant d'autel aux Armes de cette illustre Maison (1).

Grâce à l'obligeance de M. l'Abbé Geloudemans, Recteur de la dite Église, il nous a été donné, lors d'un voyage en l'antique Cité éburonne, d'examiner et d'étudier quelque peu les Armes de cet *antependium ;* et, autant que nous l'ont permis la teinte effacée des soies et des ors et une patine de près de trois siècles, nous croyons pouvoir blasonner ce document comme suit :

Parti :

A. *Partition de dextre :*

Escartelé : premier et dernier, *fascé d'argent et de gueules de VI pièces*, qui est de Croy ; deuxième et tiers, *d'argent, à III doloires de gueules, II adossées en chef, une en poincte*, qui est de Renty.

B. *Partition de senestre :*

Escartelé : premier parti : à dextre, *burellé d'argent et de gueules de VIII pièces*, qui est de Hongrie ; — à senestre, *d'azur, à III fleurs de lys d'or*, qui est de France ; deuxième parti : à dextre, *d'argent, à la croix potencée d'or*, qui est de

---

(1) Charles Thys, *Histoire du Béguinage de Tongres.* Tongres, M. Collée, 1881. Ch. VIII, p. 125.

Jérusalem ; à senestre, *d'or, à IV peulx de gueules*, qui est d'Aragon ; troisième parti : à dextre, *de France, comme plus haut dict ;* à senestre, *d'azur, au lyon rampant d'or affronté à senestre ;* quatrième parti : à dextre, *d'or, au lyon rampant de sable*, qui est de Flandre ; à senestre, *d'azur, à II bars adossés, d'or*, qui est de Bar.

Un escusson *d'or, à la bande de gueules chargée de III alérions d'argent*, qui est de Lorraine, sur toute la partition de senestre.

L'écu, — au millésime de 1610, — étant de forme ovale, indique *Armes de femme.* La partition de dextre présentant les Armes pleines des Croy, sans surcharge, bordure ou brisure, et les partitions de senestre exhibant les Armes de Bar, de Flandre et de Lorraine, plus les Armes de Hongrie, de France et de Jérusalem, qui, avec les *IV peulx de gueules sur champ d'or*, sont d'Aragon, nous avons affaire à une très haute Dame de l'illustre Maison à laquelle nous consacrons la présente notice, et même à une Dame de la branche aînée, descendant directement de Marguerite de Lorraine, de Philippe Ier de Croy et de Jacqueline de Luxembourg, qui, tous, pouvaient relever ces Armes dans leur blason.

Qui est cette haute Dame et par suite de quels événements vint-elle chercher un refuge dans un humble monastère du Pays de Liége ? Nous ne saurions le dire, ne possédant pas les documents nécessaires pour élucider la question.

Mais, comme cette grande Dame est de branche aînée et qu'en 1610 la branche aînée est représentée par la descendance directe de Philippe, troisième du nom, époux de Jenne de Halewyn, il est à supposer que c'est une des Dames de ce lignage qui séjourna au cloître de Tongres.

Or, Philippe de Croy, — troisième du nom, deuxième fils,

devenu maisné, de Philippe, deuxième du nom, premier Duc d'Aerschot, et de Dame Anne de Croy, — naquit le 10 Juillet 1526 et épousa Jenne de Halewyn, le 24 Janvier 1559.

De ce mariage issirent :

1° *Charles*, fils aîné, né le Lundi 1er Juillet 1560 ;
2° *Anne*, fille aînée, née le 4 Janvier 1564 ;
3° *Marguerite*, cadette, née le 12 Octobre 1568.

Anne épousa, en la ville de Beaumont en Haynault, le 4 Janvier 1587, Messire Charles, Prince d'Arenberghe, Chevalier de la Toison d'Or.

Marguerite, elle, s'était mariée déjà, le 2 Décembre 1584, en la même ville de Beaumont, à Messire Pierre, Comte de Bossut.

Sa femme, Jenne de Halewyn, étant décédée (6 Décembre 1581), le Seigneur Duc épousa en secondes noces, le 1er Mai 1582, Dame Jenne de Bloys, veuve de Messire Philippe de Lannoy, Seigneur de Beaunoir. Et portait la dite Dame Jenne de Bloys les Armes de sa maison, qui sont : *de gueules à III peulx de vair, au chef d'or.*

Ce second mariage fut-il fécond en enfants qui vécurent ? et produisit-il des filles qui entrèrent en religion ? cela se peut.

Mais, en 1610, ces filles devaient à peine avoir atteint la majorité ecclésiastique, et, en admettant qu'elles fissent partie de la branche aînée dans la véritable acception du mot, il reste à savoir si elles avaient bien le droit de porter leurs Armes sans lambel ou brisure autre ? Tandis qu'en 1610 Anne de Croy, fille de Philippe et de Jenne de Halewyn, avait quarante-six ans et sa sœur Marguerite quarante-deux, âge de maturité, de réflexions sérieuses et de déterminations suprêmes. L'une de ces sœurs devint-elle veuve, renonça-t-elle au monde et se retira-t-elle au monastère des Filles de Sainte Bèghe en la vieille cité tungrienne? Il nous est impossible de décider la question. Tout ce que nous pouvons affirmer, c'est que Anne et Marguerite de Croy sont, au commencement du xviie siècle, les seules Dames, branche aînée de cette Maison, ayant vraiment le droit de porter les Armes décrites plus haut.

Au lecteur, s'il trouve que nous sommes dans l'erreur, à chercher si, à cette époque, il y avait d'autres damoiselles de la dite branche ayant ce droit et, dans ce cas, à conclure contre nous.

Jusqu'à la production de cette preuve, nous pouvons croire que Anne ou Marguerite de Croy a fait séjour au Béguinage de Tongres et que *l'antependium* dont s'agit est un don qui rappelle ce séjour.

LXI

Anthoine de Croy " cestuy que l'on nommoit le grand Croy a cause de son grand crédit et preeminence, comme l'oreiller sur quoi reposoit le bon Duc Philip. l'ayant trop bien esprouué plusieurs foys et cognu sa fidelité (1) „ ; Anthoine de Croy, qui, " pour paroles de gens ne s'esbahissoit poinct, et ne se laissoit poinct fouller à bras ploiez et genoulx en terre „ ; Anthoine de Croy avait fait souche d'une lignée vivace et vigoureuse.

Philippe, son fils aîné, qu'il eut de son mariage avec Marguerite de Lorraine, naquit en 1433, en pleine lutte et

---

(1) Jean Scohier. Ouvr. cité, p. 11.

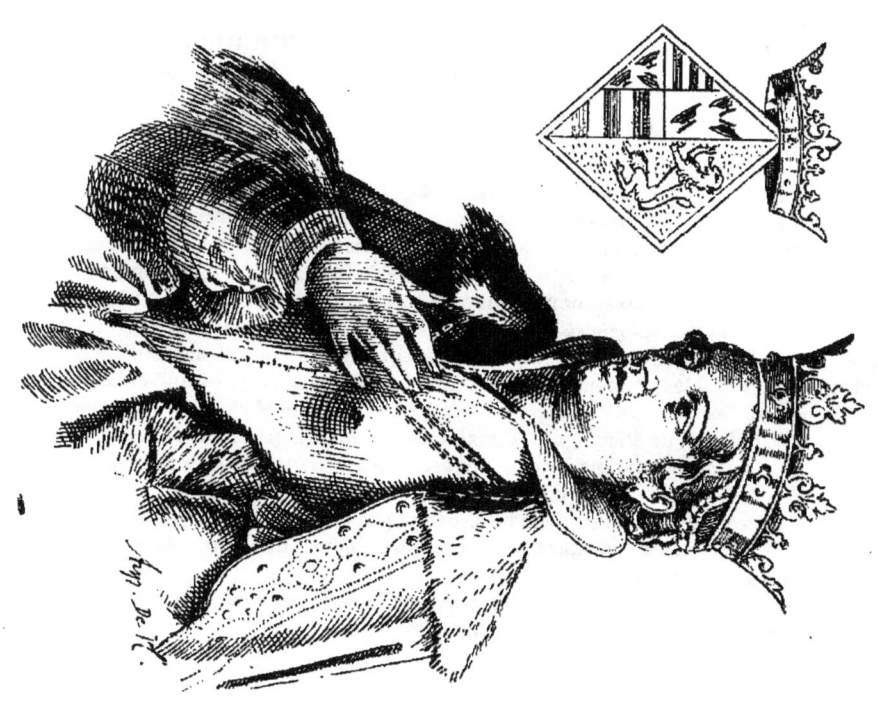

efflorescence de la Maison de Bourgogne, dont son père " estoit un des piliers „.

Il s'allia, en 1455, à Dame JACQUELINE DE LUXEMBOURG, qui portait :

ESCARTELÉ : au premier et dernier, *d'argent, au lyon rampant de gueules, la queue passée en saultoir armé, lampassé, couronné d'or*, qui est de Luxembourg; — second et tiers, *escartelé de Bar et de France;* un escu, *mi-party d'Angleterre et de Coucy sur le tout* (1).

La dame Jacqueline était la fille aînée de Louis de Luxembourg, Comte de Saint Pol, Connétable de France, et de Dame Jenne de Bar. Cette dite Dame Jenne était la fille unique de Robert de Bar, — tué à la Bataille d'Azincourt (1415) — et de Jehanne, fille de Robert de Béthune et de sa troisième femme Ysabeau de Ghistelles.

" Et apporta ceste Dame Jacqueline, par son alliance à la Maison de Croy, la Seigneurie de Bar-sur-Aulbe, laquelle a esté depuis changée en la Baronnie de Wallers (2). „

---

(1) A vrai dire, ce sont là les Armes de son père, le Connétable Louis de Luxembourg. Ses Armes à elle, dame Jacqueline, sont : PARTI : à dextre *de Croy*, à senestre *de Luxembourg*. Nous avons, en ce qui concerne ces Armes, une importante observation à faire. Les portraits d'Anthoine de Croy, de son fils Philippe et de sa bru Jacqueline de Luxembourg, ont été exécutés d'après l'Ouvrage intitulé : *Livre contenant la Généalogie et la Descente de ceux de la Maison de Croy*, etc., édité par de Bye, et cité supra. Malheureusement, les Armes qui accostent ces portraits sont inexactes, et même fautives. Elles donnent aux Croy, — qui, comme on sait, portent *fascé d'argent et de gueules de VI pièces*, — *fascé d'argent et* D'AZUR *de VI pièces*, qui sont de Picquigny, leur allié de famille. La partition de senestre des Armes de Dame Jacqueline indique même, au lieu *d'argent, au lion de gueules, d'or, au lion d'argent*, ce qui est une lourde faute héraldique. Nous avons le droit de signaler l'erreur du graveur ; nous ne croyons pas avoir celui de la corriger, le premier devoir du chercheur étant le respect des documents consultés, et leur reproduction exacte et scrupuleuse.

(2) JEAN SCOHIER. Ouvr. cité, p. 16. — Bar-sur-Aulbe (*Barrum ad Albulam*) était la capitale du Vallage, petit pays de Champagne.

Louis de Luxembourg, le père de la dite Dame Jacqueline, était un odieux et triste personnage, qui unissait la félonie à la cruauté. Aussi lâche que féroce, il égorgeait, comme un boucher, ses prisonniers enchaînés, calomniait ses ennemis et passait cyniquement et sans vergogne d'un parti à un autre. Il excita le Comte de Charolais contre son père Philippe le Bon, l'instigua non seulement contre les Croy en général, mais encore contre son propre gendre à lui, et trahit le Téméraire, en livrant Amiens et Saint-Quentin à Louis XI. Puis, pour récompenser le Roi qui l'avait fait Connétable, il voulut le trahir au profit du Téméraire. Malheureusement pour lui, certain jour, Roi et Duc ouvrirent les yeux et s'entendirent. Le Comte de Saint Pol, arrêté à Mons, fut livré au Roi, qui, selon son invariable coutume, fit appeler *son compère Tristan* et lui donna, sans hésiter, l'ordre de trancher *illico* la tête au noble félon. Et ainsi fut fait avec merveilleuse dextérité, en la bonne ville de Paris, le dix-neuvième jour de Décembre de l'an de grâce 1475 (1).

La Comtesse Jenne de Bar, sa femme, avait précédé son méprisable conjoint dans la tombe, étant morte en 1462.

Philippe de Croy, Comte de Porcean, Seigneur d'Aerschot, etc., fils d'Anthoine et de Marguerite de Lorraine, doit

---

(1) Après la mort subite du Comte de Saint-Pol, Louis XI, — qui avait mille raisons pour craindre les audaces et les entreprises des grands vassaux et des grands dignitaires, — Louis XI laissa l'emploi de Connétable vacant et se garda d'y appeler l'un ou l'autre seigneur.

C'est que la dignité de Connétable était la plus haute du Royaume ; elle ne cédait le pas qu'au Roi et aux Princes du Sang, et encore, en certains cas, ceux-ci lui devaient obéissance.

Dans le principe, le *Connestable* n'était que le premier Écuyer du Souverain, celui qui avait l'administration des écuries du Roi : *Comitem Stabuli quem corruptè constabulum appellamus,* comme dit le chroniqueur Reginon, qui écrivait vers 890.

comme son rude et vaillant père, avoir été un homme d'une calme et incontestable énergie.

Les implacables et perfides attaques du Téméraire; le sang-froid qu'il déploya pendant ces luttes acharnées; les difficultés que lui suscita son ignoble beau-père, plus occupé à mal faire qu'à penser bien, et qui n'avait pas volé le coup de hache que le madré, mais impitoyable, Louis de France lui fit donner en ce dit jour du 19 Décembre 1475, dont nous parlions tantôt; ces difficultés qu'il sut vaincre par sa prudence et son courage; les capacités qu'il déploya comme Lieutenant général de l'armée de Philippe le Bon et comme Gouverneur de Valencienne, de Thuin et de Marchienne-au-Pont (1); tout nous permet de croire qu'il fut le digne fils d'un père que n'abattaient ni l'âge ni les injustices.

Or, nous croyons que c'est à ce Philippe de Croy, et à nul autre, que doit s'appliquer la pierre héraldique que possède la famille Stevens.

En effet : " ce Comte Philippe fust faict chevalier au Sacre du Roy Louis XI, l'an 1461, et tenoit sa residence ordinaire à Porcean et quelquefois à Beaumont, *estant le premier qui*

Peu à peu, le *comes stabuli* devint une espèce de *præfectus equorum*, commandant, dans le principe, la cavalerie et, à la fin, l'armée royale tout entière.

Les Connétables les plus illustres et les plus marquants par leurs hauts faits ou méfaits furent : Bouchard, sous Karl-Magne; Bertrand du Guesclin, sous Charles V; Olivier de Clisson et Bernard d'Armagnac sous Charles VI; Louis de Luxembourg, sous Louis XI; Anne de Mont-Morency et Charles de Bourbon, sous François Ier; le Duc de Lesdiguières, sous Louis XIII.

Le Cardinal de Richelieu, qui, relativement aux grands du Royaume, avait les mêmes idées et les mêmes inquiétudes que Louis XI, ne se contenta pas de laisser l'emploi vacant; il prit mesure plus radicale : il le supprima tout simplement, en 1637, à la mort du vieux de Lesdiguières.

(1) DE VESIANO, Seigneur de Hove, *Supplément* au *Nobiliaire des Pays-Bas*. Gand, Duquesne, 1861. Un vol. in-12, p. 138.

porta la Ruche des Mouches à miel, que ses successeurs chefz de maison ont retenu (1). „

Nous savons comment, précisément en 1461, le Comte Philippe fut élu Chevalier de la Toison d'Or, et comment il fut, quoiqu'élu, évincé par les intrigues du Comte de Charolais.

S'ensuit-il qu'il n'avait pas le droit de se proclamer Chevalier et de porter dans ses Armes l'insigne illustre qui avait entouré l'écu paternel?

Notre pierre porte les Ruches et les Mouches à miel, c'est-à-dire l'emblème que les chefs de Maison seuls ont le droit de retenir.

Les Armes sont pleines, sans lambel, brisure ou surcharge, ce qui indique encore le droit d'un chef de maison.

Elles sont entourées du Collier de l'Ordre de la Thoison d'Or, ce qui prouve qu'elles étaient portées par un Chevalier du dit Ordre.

Or, parmi les vingt et un Croy qui — depuis l'Institution de l'Ordre de la Thoison d'Or jusqu'en 1667 — furent Chevaliers du dit Ordre, il n'y eut que cinq Chefs de Maison; et de ces cinq, il n'y en eut que quatre qui eurent le droit d'accompagner leurs Armoiries des Ruches et Mouches à miel.

Car Anthoine, père de Philippe, était antérieur, comme Chef de famille, à l'introduction des dites Ruches et Mouches à miel dans le blason des Croy.

---

(1) Jean Scohier. Ouvr. cité, p. 16.

LXII

Ces quatre Chevaliers sont (1) :

1° PHILIPPE, fils d'Anthoine et de Marguerite de Lorraine, né en 1433, décédé en 1511, dont mention supra.

Il eut de sa femme, Jacqueline de Luxembourg, qu'il épousa en 1455 :

1° *Henry*, fils aîné (vide infra);

2° *Anthoine*, puîné, qui, Évêque de Terouane (2), mourut au retour d'un voyage à Jérusalem;

3° *Guillaume*, cadet. Il devint Duc de Soria (3) et Chevalier de la Toison d'Or. " Il fonda le Cloistre et Monastère des Célestins de Heüerlé et cestuy de l'Annonciade en la Ville de Louuain; restaura le Cloistre des Chartroux au dict Louuain, édifia le Chasteau de Heuerlé, et mourut le 18 iour de May, l'an 1521. Gist au Cloistre des Célestins à Heuerlé, auecq. Dame Marie de Hamal, sa femme, au chœur, deuant le grand autel, soubs magnifique et sumptueux tombeau (4). „

La Seigneurie de Heverlé fut vendue, en 1446, par Nicolas Roulin, Chancelier de Bourgogne, au Comte

---

(1) J.-B. MAURICE, le *Blason des Armoiries de tous les Chevaliers de l'Ordre de la Toison d'Or*, etc. La Haye et Bruxelles, 1667.

(2) Terouane ou Therouane, *Teruana*, ville de Flandre, sur la Lys, au Comté d'Artois. Prise et complètement saccagée par Charles-Quint en 1552. Son diocèse fut partagé entre ceux de Boulogne, de Saint-Omer et d'Ypres (1559). Cédée à la France, par le Traité des Pyrénées (1659).

(3) PAR ACTE : " Datum in oppido nostro Bruxellarum. die 15. Mensis Decem. V. Indictionis, Anno a nativitate D^i M. D. XVI. Regnorum nostrorum videlicet, Reginæ. Castelle, Legionis, Granatæ, etc. Anno decimo tertio, Nauarræ secundo, Aragonum vero vtrinsq; Siciliæ et aliorum Primo. Regis vero omnium Primo. „ (Vide JEAN SCOHIER. Ouvr. cité, p. 23 et suiv.)

(4) JEAN SCOHIER. Ouvr. cité, p. 23.

Anthoine de Croy; Guillaume, Duc de Soria, son petit-fils, réédifia et agrandit le Château; et la Seigneurie fut ensuite possédée par Charles, premier Duc de Croy. Par le mariage d'Anne de Croy avec Charles de Ligne, Prince d'Arenberg (1587) et en suite de la mort sans hoirs (13 janvier 1612) du susdit Charles de Croy, dont sa sœur Anne hérita, la dite Seigneurie d'Heverlé passa dans le domaine de la Maison d'Arenbergh. Elle en fait encore partie aujourd'hui (1).

Guillaume de Croy, ce troisième fils de Philippe et de Jacqueline de Luxembourg, naquit en 1458. Chevalier de la Toison d'Or, Duc de Soria, surnommé *le Sage*, célèbre sous le nom de *Seigneur de Chièvres*, il devint, en 1506, Gouverneur du jeune Charles-Quint, — dont Charles de Croy, premier Prince de Chimay, avait été le Parrain, et Hadrianus Boyens Floriszoon, — Pape Adrien VI, — le Précepteur, — et conclut avec grande habileté, en qualité d'Ambassadeur, le Traité de Noyon, entre l'Empereur et François Ier (1516). Et non seulement il fut le Gouverneur, l'Ambassadeur et le Conseil de Charles-Quint, mais encore il devint son Grand-Chambellan et le Capitaine général de ses Armées. Il s'éteignit, comme nous l'avons dit plus haut, le 18 Mai 1521, à l'âge de soixante-trois ans, plus accablé de dignités que d'années, quatre mois après la mort si prématurée de son petit-neveu, le Cardinal Guillaume, et ayant surpassé en honneurs et prééminence son illustre aïeul Anthoine.

Il portait *les Armes de sa maison*, avec, *sur le tout,* un escu ESCARTELÉ, aux premier et dernier, *de Luxembourg;* au deuxième, *de Lorraine;* au troisième, *de Bar.*

---

(1) La terre de Heverlé est baignée par la rivelette la Thile — *Thilia* — affluent de la Dyle, avec laquelle il ne faut pas la confondre.

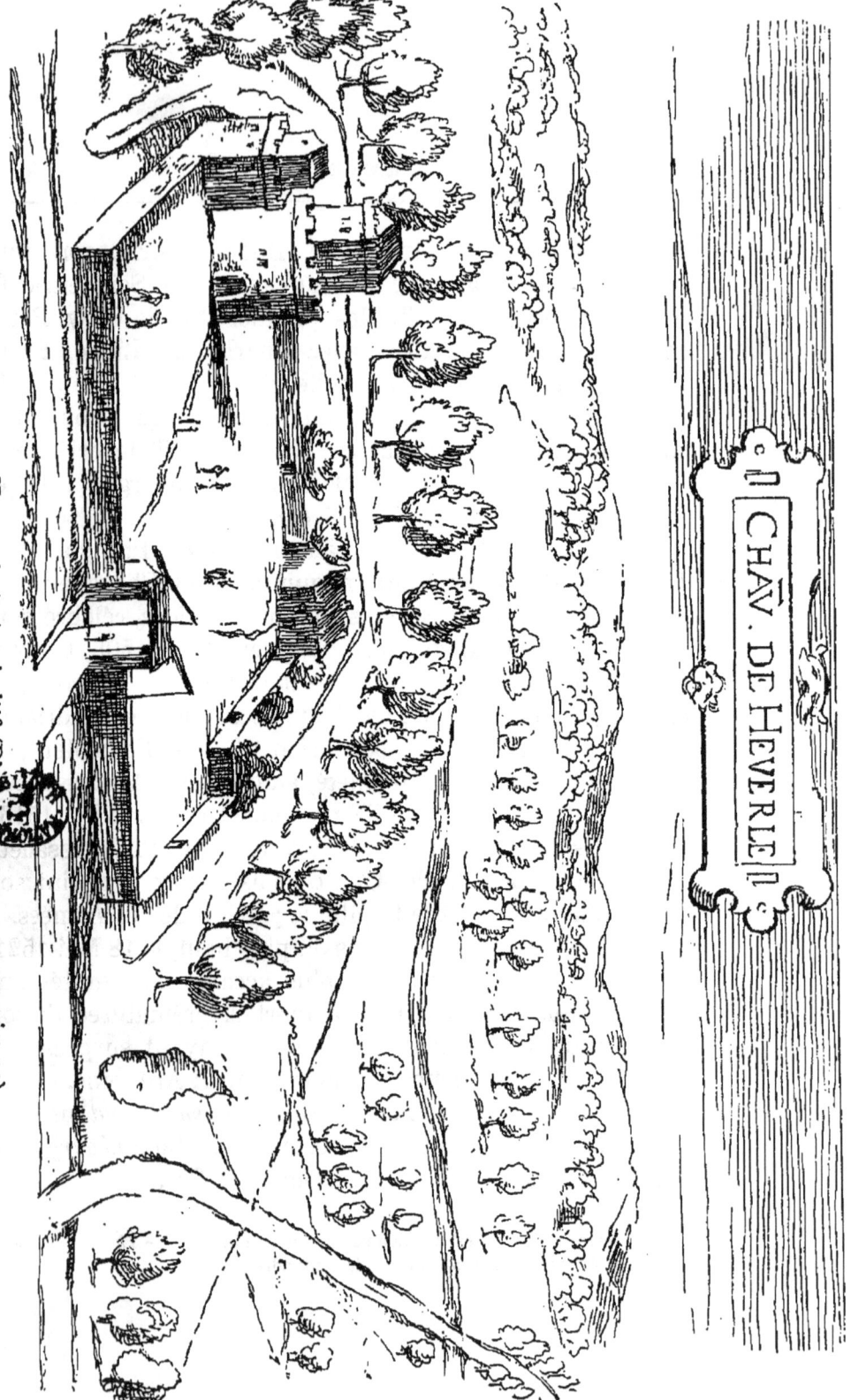

La Terre de Heverlé, état primitif (D'après une gravure ancienne).

Les Armes de Marie de Hamal, sa femme, étaient : *de gueules, à la fasce fuselée d'argent.*

Philippe de Croy, époux de Jacqueline de Luxembourg et père des prédits Henry, Anthoine et Guillaume, mourut, comme il est dit plus haut, en 1511. " Gist à Porcean ; son service fut célébré à Malines, estant le Duc de Saxe conducteur du deuil, associé de grande noblesse (1). „

Il fut le premier qui accosta ses Armes des Ruches et Mouches à miel.

LXIII

Henry de Croy, fils aîné de Philippe et de Jacqueline de Luxembourg, épousa Dame Charlotte de Chasteau-Bryant, qui portait : *de gueules, semé de fleurs de lys d'or*, et qui lui donna quatre fils :

1° *Philippe*, fils aîné, dont nous nous occuperons plus loin ;

2° *Guillaume*, né en 1499, Cardinal titulaire Sanctæ Mariæ in Aquino, Archevêque de Tolède, Évêque et Duc de Cambray, Abbé d'Afflinghem, mort à vingt-deux ans, chargé d'honneurs et de dignités, le sixième jour de janvier de l'an 1521, en la Ville de Worms, des suites, paraît-il, d'une chute de cheval ;

3° *Charles*, qui épousa Françoise d'Amboise, laquelle portait : *pallé d'or et de gueules de VI pièces*. Les Armes de Charles de Croy étaient *celles de sa Maison, avec l'écu de Chasteau-Bryant sur le tout ;*

4° *Robert*, qui devint Évêque et Duc de Cambray, Comte du Cambresis, Prince de l'Empire, et qui mourut en 1556.

(1) Jean Schohier. Ouvr. cité, p. 16.

Henry de Croy, fils aîné de Philippe et de Jacqueline de Luxembourg, et père des quatre illustres Seigneurs dont mention plus haut, mourut en 1514. Gît sa dépouille mortelle en la chapelle de Porcean.

LXIV

2° Philippe, deuxième du nom, fils aîné de Henry et de Dame Charlotte de Chasteau-Bryant; petit-fils de Philippe, premier du nom. Il égala, en importance et puissance, ses aïeuls Jean et Anthoine, et eut auprès de Charles-Quint quasi la même influence qu'eurent ceux-ci dans l'intimité de Jean sans Peur et de Philippe le Bon.

Capitaine général d'armée de Charles-Quint, il guerroya vaillamment en Gheldre, et, en qualité d'Aide de Camp de l'Empereur, l'accompagna en diverses expéditions.

Il devint Grand Bailly, Gouverneur du Haynault, Chef du Conseil des Finances et Doyen des Chevaliers de la Thoison d'Or.

Il épousa, le 30 du mois d'Août de l'an 1520, sa cousine, Anne de Croy, Princesse héritière de Chimay, Dame d'Avesne, Landrecies, Lillers-St-Venant et Malânoy, qui lui donna quatre enfants : trois garçons et une fille, à savoir :

A. Charles, Philippe et Guillaume;
B. Louyse.

Il épousa en secondes noces Anne de Lorraine, fille de Antoine et de Renée de Bourbon, veuve de René de Chalon, Prince d'Orange, Comte de Nassau. Elle lui donna un fils, qui naquit le 1ᵉʳ Septembre 1549 et qui eut pour parrains l'Empereur Charles-Quint et son fils, Philippe II d'Espagne.

Il rebâtit le Château de Beaumont, construisit celui de Claire-Fontaine et, en 1540, reçut en grande pompe, au dit château de Beaumont, l'Empereur Charles-Quint et toute sa Cour.

Il mourut en Avril 1549, cinq mois avant la naissance de son fils Charles-Philippe. Il était né vers 1485.

Sa devise, accompagnant les Ruches et les Mouches à miel, était :

Dulcia mixta malis (1).

Il était si enchanté des dites Ruches et Mouches que, en mémoire de son aïeul, le Comte Philippe, il les avait fait graver sur ses pièces d'artillerie, dont la fonte se faisait en la ville d'Avesne en Haynault. " Lesquelles pièces à ceste cause sont nommées les Mouches d'Avesnes, bien expérimentées, et desquelles Sa Majesté a esté bien seruies (2). „

Il avait à la Cour de Charles-Quint une influence énorme et obtint de l'Empereur l'érection de sa terre d'Aerschot en Duché, de sa terre de Beaumont en Comté, de sa terre de Renty en Marquisat

Philippe de Croy, deuxième du nom, était donc légalement Duc d'Aerschot, Comte de Beaumont et Marquis de Renty.

---

(1) Jean Scohier. Ouvr. cité, contre-titre.
(2) Id., ibid., p. 16.

LXV

3° PHILIPPE, troisième du nom, fils du précédent et de Dame Anne de Croy, né le 10 juillet 1526, mort en 1595. Il était le deuxième fils du Duc Philippe et d'Anne de Croy, et devint Chef de Maison, par le décès de son père, en Avril 1549, et de son frère aîné, le Duc Charles, né le 31 Juillet 1522, mort sans génération, le 24 de Juin 1551. Il paraît que ce Duc Charles fut traîtreusement assassiné (1).

Ce Philippe, troisième du nom, deuxième fils de Philippe II de Croy dont il s'agit ici, fut fait Chevalier de la Toison d'Or, au premier Chapitre, tenu en 1556, par Philippe II d'Espagne, en la cathédrale d'Anvers.

Élevé à la dignité d'Ambassadeur par le dit Roi d'Espagne, Philippe II, il fut envoyé, en cette qualité et comme représentant du Souverain, à la Diète de Francfort, tenue en 1563.

---

(1) GÉNÉALOGIE ET DESCENTE DE GEUX DE LA MAISON DE CROY, etc. Portraits. Sans date, ni nom d'auteur ou d'imprimeur. Se trouve à la Bibliothèque Royale de Bruxelles sous les litt° V. H. N° 25709.

A ce Charles, si malement occis, paraît-il, Jean Scohier consacre les lignes suivantes :

" Messire Charles de Croy, filz aisné de Monseigneur Philippes sire de Croy premier Duc d'Arschot, du vivant de son père portait Tiltre de Prince de Chimay ; allié es premières Nopces a Dame Louyse de Loraine, fille de Claude Duc de Guyse, sœur à la Royne d'escosse, qui mourut sans génération ; gist son corps en la Chapelle du Sainct Sacrement de miracle en l'Église collégiale de S. Gouldele à Bruxelles. Après la mort de son père, estant succédé au Duché d'Arschot, s'allia es secondes Nopces à Dame Anthoinette de Bourgogne, fille de Messire Adolphe, Marquis de la Vere, Chevalier de la Thoison d'or, mais n'en eust generation. Il rechut Charles V. Empereur, accompaigné de son filz Philippes Roy d'Espaigne en son Palais de Beaumont, l'An 1550. Et mourut à Kieuraing, le 24 de Juing 1551. Son corps fust trâsporté en l'Eglise collegiale de la Ville d'Auesnes, lez ses Pere et Mere, son cœur à Chimay en l'Eglise collegiale, ses obsèques et Funerailles celebrées à Beaumont par le suffragant de Cambray Abbé de Crespin. „ (JEAN SCOHIER. Ouvr. cité, p. 33.)

Comme on le voit, l'auteur ne parle pas de l'assassinat dont ce Duc Charles fut victime.

Il s'était marié le 24 Janvier 1559 à Jenne de Halewyn, née en 1544, et qui, en conséquence, avait à peine quinze ans.

Jenne de Halewyn, Dame de Commines, Rolleghem, Law, Roncq, etc., Vicomtesse de Nieuport, portait : *d'argent, à III lyons de sable, armez, lampassez et couronnez d'or*.

Elle mourut à Mons, le 6 Décembre 1581, à l'âge prématuré de trente-sept ans, laissant un fils et deux filles.

Son mari s'allia, en secondes noces, le 1ᵉʳ Mai 1582, à Dame Jenne de Bloys, fille de Messire Louis, Seigneur du lieu, de Trélon et autres terres, et de Dame Charlotte de Humières.

La dite Dame Jenne de Bloys portait, comme nous l'avons dit plus haut, les Armes de sa Maison, qui sont : *de gueules, à III peulx de vair, au chef d'or* (1).

Ce Duc Philippe, commis qu'il était, défendit avec succès, comme Gouverneur de la ville de Bruxelles, et à la tête de la bourgeoisie de la ville, la capitale Brabançonne contre le Prince d'Orange et ses alliés.

Sa devise était :

J'y parviendray Croy (2).

C'est à ce Duc Philippe, troisième du nom, que le livre de Jean Scohier est dédié.

Il mourut à Venise, le 10 Décembre 1595, et sa dépouille mortelle fut transportée au caveau sépulcral de Heverlé.

---

(1) Chastillon, Comte de Bloys, portait les dites Armes, *chargées d'un lambel d'azur*.

(2) Le Mausolée de la Toison d'Or, etc. Amsterdam, 1689, in-12, p. 187. Henri Desbordes, dans la Calverstraet.

LXVI

4° Charles, fils aîné du Duc Philippe, troisième du nom, et de Dame Jenne de Halewyn; le dit Charles, premier Duc de Croy, quatrième d'Aerschot, né le 1ᵉʳ Juillet 1560, à Beaumont-en-Haynault.

Se maria, en 1580, à Dame Marie de Brimeux, qui portait : *d'argent, à III aigles de gueules, membréez et becquéez d'azur*. Marie de Brimeux était Comtesse de Meghem, et mourut sans hoirs.

Le Duc Charles se remaria avec sa cousine Dorothée de Croy, mais n'en eut lignée.

Guerroya en Flandres, pour compte de Philippe II d'Espagne, et parvint à remettre les villes de Bruges et de Dam, ainsi que le Territoire du Franc, sous l'obéissance du Roi.

Sa devise était :

Je me maintiendray Croy (1).

C'est ce Duc Charles qui fut le promoteur des six Tables généalogiques du Chœur de Heverlé et qui, en 1602, par l'achat du terrain de la maison du Recteur de Saint-Josse, agrandit quelque peu le Domaine des Croy au Faubourg de Louvain.

Il mourut le 13 Janvier de l'an 1612 et fut inhumé en l'Eglise des Célestins au Cloître d'Heverlé. Sa sépulture porte, avec ses Armes, l'épitaphe qui suit :

(1) Mausolée de la Thoison d'Or, &ᵃ, p. 282.

NUPER DUX CROY ET AERSCHOTI,
EX MAGNA PROGENIE NATUS,
NUNC PUTREDO TERRÆ ET CIBUS VERMICULORUM.
OBIIT IN DOMINO, EXPECTANS RESURRECTIONEM MORTUORUM,
ANNO CIƆ. IƆC. XII. 13 Januarii.

Il avait, en 1608, cédé à Charles de Gonzague, Duc de Nevers, la terre et le Château de Porcean (1), — qu'en 1439 le vieil Anthoine avait acheté au Duc d'Orléans, — et où dormaient trois ou quatre générations des siens. La cession de cette terre de famille a dû être une rude épreuve pour ce grave et vaillant gentilhomme, et ce ne fut pas de cœur léger, sans doute, qu'il abandonna à d'autres un vieux castel qu'avait illustré son rude et ferme aïeul.

LXVII

Les devises des Croy, Chevaliers de la Toison d'Or, que nous avons pu relever sont les suivantes :

A. Anthoine de Croy :

Souvenance ! (2)

B. Jean de Chimay, son frère :

Soubvienne-vous ! (3)

C. Guillaume, troisième fils de Philippe Ier et petit-fils d'Anthoine :

Où que je sois, n'oublierai Croy ! (4)

(1) De Vesiano, Seigneur de Hove, *Supplément* au *Nobiliaire des Pays-Bas*. Gand, Duquesne, 1861. Un vol. in-12, p. 148.
(2) Baron de Reiffenberg, Ouvr. cité.
(3) Id., Ouvr. cité.
(4) Le Mausolée de la Toison d'Or, &^{a}, p. 91.

D. Philippe, fils aîné de Henry et de Dame Charlotte de Chasteau-Bryant :

> Dulcia mixta malis ! (1)

E. Adrien de Croy, fils de Ferry et de Lamberte de Brimeux :

> Plus en sera de Croy ! (2)

F. Philippe, fils de Philippe et d'Anne de Croy :

> J'y parviendrai, Croy ! (3)

G. Charles, fils aîné du Duc Philippe et de Dame Jenne de Halewyn :

> Je me maintiendray Croy ! (4)

H. Charles-Philippe, fils unique, en secondes noces, de Philippe, premier Duc d'Aerschot, et de Anne de Lorraine, qui n'avait pas moins de quatre devises :

> Sans fin, Croy !
> Amour ne tiendra Croy.
> Je soutiendrai, Croy.
> J'ayme qui m'ayme (5) !

Cette dernière devise est celle de N.-D. de Montaigu :

> Ego diligentes me diligo.

---

(1) Jean Schier. Ouvr. cité. *Vide supra.*
(2) Mausolée, &ᶜ, p. 135.
(3) Id., *Vide supra.*
(4) Id., *Vide supra.*
(5) Id., p. 286.

LXVIII

Comme on le peut constater, quatre Chevaliers de la Toison d'Or, de 1430 à 1667, furent Chefs de la Maison de Croy, en outre du vieil Anthoine, antérieur aux Ruches et Mouches à miel. Ce sont, répétons-le :

1° PHILIPPE, fils aîné d'Anthoine et de Marguerite de Lorraine (1433 † 1511);

2° PHILIPPE, fils aîné de Henry et de Charlotte de Chasteau-Bryant (1485 † 1549);

3° PHILIPPE, deuxième fils, devenu maisné, du précédent et d'Anne de Croy (1526 † 1595);

4° CHARLES, fils aîné du précédent et de Jenne Halewyn (1560 † 1612).

La devise de celui-ci était :

JE ME MAINTIENDRAY CROY!

La devise du troisième :

J'Y PARVIENDAI, CROY!

La devise du second :

DULCIA MIXTA MALIS!

Quelle est la devise du premier?
N'est-ce pas cette mâle et fière parole :

OU LUC, SOIT CROY!

inscrite sur notre monument héraldique?

En effet! " Le premier il porta la Ruche des Mouches à miel, que ses successeurs Chefs de Maison ont retenu. „

Elu Chevalier de l'Ordre, et son compétiteur, Adolphe de Gueldre, ayant été déclaré indigne (V. XIe Chap. de l'Ordre), et, en conséquence et en vertu des Ordonnances, déchu de tous ses droits, le Comte de Porcean a dû revendiquer les siens, prendre le titre qui lui revenait et entourer ses Armes des nobles insignes de l'Ordre auquel, par une élection régulière, il avait l'honneur d'appartenir. C'est ce qu'il devait faire, et c'est ce qu'il a fait.

Aussi dans la collection des portraits, intitulée : LIVRE CONTENANT LA GÉNÉALOGIE ET DESCENTE DE CEUX DE LA MAISON DE CROY, TANT DE LA LIGNE PRINCIPALE ESTANT CHEF DU NOM ET ARMES D'ICELLES, QUE DES BRANCHES ET LIGNE COLLATÉRALE DE LA DICTE MAISON(1), est-il représenté revêtu de la robe des Chevaliers, le Collier de l'Ordre au cou, et accosté d'un écu, *aux Armes pleines de sa Maison,* entouré du dit Collier (2).

Ce portrait complète donc les indications de notre vénérable débris lapidaire, et, de son côté, apporte une preuve de plus à ce fait qui nous paraît indéniable aujourd'hui : que Philippe de Croy, époux de Jacqueline de Luxembourg, était bien réellement et authentiquement Chevalier de la Toison d'Or.

La devise de ce noble Chevalier — nous l'avons fait remarquer déjà — est creusée dans notre pierre, non en caractères et langage du XVIe, mais en langage et caractères du XVe siècle. Or, comme, depuis l'introduction des Ruches et Mouches à miel dans le blason des Croy, le seul chef de Maison qui ait vécu au dit XVe siècle est l'époux de Jacqueline de Luxembourg, il est naturel et logique, nous semble-t-il, de conclure que ce sont ses Armes et sa devise qui se trouvent taillées dans notre marbre héraldique.

(1) Sans date ni nom d'auteur. Ouvr. cité.
(2) Voir le dit Ouvrage. Portraits N° 21, p. 30.

LXIX

Notre pierre doit donc dater de 1468 à 1475.

Et si elle ne s'applique pas à Philippe, fils d'Anthoine et de Marguerite de Lorraine, elle ne peut s'appliquer qu'à son petit-fils Philippe, fils de Henry et de Dame Charlotte de Chasteau-Bryant. En effet, chef de Maison comme son dit père Henry, il avait, comme celui-ci, le droit d'accompagner ses Armes de la Ruche et des Mouches à miel, et, Chevalier de la Thoison d'Or, comme son aïeul Philippe Ier, il avait, comme lui, le droit d'entourer ses Armes pleines du brillant Collier de l'Ordre.

Et alors, notre document héraldique date de 1535 à 1540.

Mais alors aussi la facture, le langage, l'écriture ne sont plus de l'époque et retardent de trois quarts de siècle : ensuite, le fils de Henry étant DUC D'AERSCHOT, les Armes seraient timbrées non d'une *couronne comtale à quatre*, mais d'une *couronne ducale à huit fleurons;* en outre, la devise : OU LUC, SOIT CROY, aurait incontestablement fait place à la devise : DULCIA MIXTA MALIS, dont ce Duc d'Aerschot était particulièrement enthousiasmé (§ LXIV); enfin les choses ne seraient plus ni ordonnées, ni régulières, ni concordantes.

De telle sorte qu'il nous semble beaucoup plus logique et rationnel d'appliquer le dit document à Philippe, fils d'Anthoine et de Marguerite de Lorraine, qu'à Philippe, fils de Henry et de Charlotte de Chasteau-Bryant. Et d'autant plus que ce document ne se peut appliquer ni à Philippe, fils de Philippe et d'Anne de Croy, ni à Charles, fils de Philippe et de Jenne de Halewyn, attendu — sa forme, sa facture, son langage l'indiquent — qu'il ne leur est pas contemporain et qu'il est leur aîné d'un siècle au moins.

Ni le Liure de l'ordre du Thoison d'or *(Manuscrit)*, ni J.-B. Maurice ne classe Philippe Ier de Croy parmi les Chevaliers de l'Ordre. Le M. S. cité a été exécuté vers 1558; Maurice écrivait vers 1660. D'aucuns pourraient en conclure que le dit Philippe n'a pas été reçu dans l'Ordre; mais alors que signifie le portrait de la Généalogie, citée supra, qui est antérieur à 1620 ? que signifie le passage de Scohier ? que signifie surtout notre pierre, qui a plus de quatre siècles d'existence, a été taillée bien avant que le M. S. de 1558 ne fût exécuté, reproduit les Armes authentiques et contemporaines de Philippe Ier, et vient lui apporter son irréfutable témoignage ?

Et si ce témoignage est tel que nous le croyons, ne prouve-t-il pas complètement que J.-B. Maurice, aussi bien que le Liure de l'ordre, ont commis erreur d'omission et que, par Philippe Ier, la Maison de Croy compte parmi ses membres un Chevalier de la Toison d'Or de plus ? Et, cela étant, n'avons-nous pas le droit — par le document que nous avons apporté au débat — de revendiquer une petite part dans la découverte ?

Quoi qu'il en soit, notre pierre, hier encore encastrée dans une haute cheminée du domaine des Croy à Saint-Josse-ten-Woude, — avec ses Armes, sa devise, sa couronne comtale, son collier de la Toison d'Or et, surtout, ses Ruches et Mouches à miel, caractéristique d'un Chef de Maison, — notre pierre nous paraît un véritable monument généalogique et chronologique. Comme tel, elle nous semble un reste précieux d'une incontestable valeur historique : et pour la préserver le plus longtemps possible de l'inévitable destruction, non seulement nous avons pris les mesures conservatoires les plus efficaces que nous avons pu prendre, mais encore nous lui avons consacré la présente et modeste Etude.

Et ce faisant, nous osons croire que les archéologues et les amis des choses d'autrefois voudront bien nous accorder quelque estime et nous vouer quelque sympathie.

Tant de choses du passé sont détruites par ignorance, par incurie, par caprice, parfois par haine de sectaire, que c'est devoir, croyons-nous, de mettre ces choses à l'abri du vandalisme, acte quelque peu méritoire de les sauver de l'oubli et labeur honnête de leur consacrer une notice, qui, à l'occasion, peut avoir son utilité.

CONCLUSION

Comme on a pu le voir, nous avons recherché l'origine de la Maison des Croy et nous avons tâché de suivre ses fils dans leurs luttes et leur action, principalement en tant que Chevaliers et dignitaires de l'Ordre illustre institué par Philippe de Bourgogne.

Nous avons, en outre, cherché quelle pouvait être la raison du château des Croy à Saint-Josse-ten-Woude, et nous avons pu établir les mutations diverses que ce domaine avait dû subir pendant deux siècles : de 1663 à 1862.

Enfin, et après avoir jeté un coup d'œil sur les Bourguignons du xve siècle, nous avons recherché à quel Croy pouvait se rapporter notre rare et précieuse pièce héraldique, et nous pensons avoir prouvé à suffisance — nous en laissons juge le lecteur — qu'elle ne pouvait reproduire que les Armes et la devise de Philippe de Croy, Comte de Porcean, fils d'Anthoine et de Marguerite de Lorraine.

Il nous semble que le meilleur moyen de conclure et de terminer notre petit Travail de recherches et d'investigations, c'est de faire connaître les Maisons les plus illustres auxquelles les Croy ont été alliés.

Nous les donnons ci-dessous en indiquant leurs Armes, relevées d'après Scohier, J.-B. Maurice, Lovvan Geliot, le P. Le Menestrier, etc.

Les Maisons princières et royales, aussi bien que les vieilles Maisons historiques, n'y font pas défaut; et ces hautes alliances sont un témoignage irréfutable de l'antiquité et de l'illustration séculaire de cette noble et puissante Famille.

Qu'on en juge!

* *
*

Mais, avant d'indiquer ces alliances, il importe de reprendre un instant la généalogie et de rechercher les premières filiations de la Maison.

ANDRÉ II, Roi de Hongrie, eut trois femmes : 1° *Gertrude;* 2° *Yolande de Courtenay;* 3° *Béatrix d'Est.*

1° Gertrude lui donna un fils, qui, sous le nom de Bela IV, fut Roi de Hongrie.

2° Yolande de Courtenay lui donna une fille, du nom d'Yolande, comme sa mère, et qui épousa Jacques Ier, Roi d'Aragon. Isabelle d'Aragon, fille de Jacques Ier et d'Yolande de Hongrie, épousa, le 11 Mai 1258, Philippe le Hardy, Roi de France. Leur fils aîné fut le fameux Philippe le Bel, leur cadet, Charles, Comte de Valois, qui, le 16 Août 1290, épousa Marguerite de Sicile; le fils de ce Comte de Valois et de Marguerite de Sicile devint Roi de France, sous le nom de Philippe VI, de Valois.

3° Béatrix d'Est lui donna un fils, Etienne le Posthume, qui épousa Thomassine de Morosini, dont le fils devint Roi de Hongrie, sous le nom de André III (1).

MARC, frère d'André II, Roi de Hongrie, épousa *Catherine de Croy* (1181). Ce Marc était, pensons-nous, Seigneur de Guyancourt.

JEAN, leur fils, épousa *la fille du Vicomte de Beaumont-sur-Oyse* (1206) (?).

GUILLAUME, son frère, devenu maisné par la mort de son frère Jean, décédé sans postérité, modifia l'escu de Hongrie, pour en faire l'escu des Croy (1214). Epousa *Anne de Ghisnes* (1216) (?).

JACQUES, dit l'Ancien, fils du dit Guillaume et d'Anne de Ghisnes, épousa *Marguerite de Soissons,* fille de Bernard, Seigneur de Moreul, et de la fille unique de Messire Raoul de Soissons (1261) (?).

JACQUES II, leur fils, épousa *Marie de Picquigny* (1313).

GUILLAUME, fils du dit Jacques II et de Marie de Picquigny, épousa *Ysabeau de Renty,* fille d'Adrien et de Marie de Brimeux (1354).

JEAN, leur fils, épousa *Marguerite de Craon,* fille de Jean, Sire de Dommartin, et de Marie de Chastillon (1379).

---

(1) CHRONOLOGIE HISTORIQUE DES DUCS DE CROY, p. 144. Cuchet, Grenoble. 1790.

Anthoine, fils de Jean et de Marguerite de Craon, devenu maisné (1), par le prédécès de son père Jean et de son frère aîné Archambault, mort sans héritier (1415), à la *Male Journée*, épousa en premières noces *Marie de Roubaix*, fille de Jean, Seigneur de Herzele, et d'Agnès de Lannoy (1420), et en secondes noces *Marguerite de Lorraine*, fille d'Anthoine, Comte de Vauldemont, et de Marie d'Harcourt (1432).

Philippe Ier, leur fils, épousa *Jacqueline de Luxembourg*, fille de Louis, Comte de Saint Pol, et de Jenne de Bar (1455).

En établissant les *Quartiers de Noblesse* de ces six derniers de Croy, — et nous nous bornons à leurs seuls noms, pour ne pas allonger la nomenclature, — nous pourrons immédiatement constater quelles sont leurs alliances.

*
* *

Les IV Quartiers de Jacques, dit l'Ancien, fils de Guillaume et d'Anne de Ghisnes, lequel Jacques vivait vers 1287, étaient :

1° Croy ;
2° Araines ;
3° Ghisnes ;
4° Berghes-Saint-Winoc.

---

(1) Aîné *(ante natus)*, — Puîné (depuis né, *post natus)*, — Cadet *(capitetum, capitellum*, petit chef), — Maisné *(maximus natu)*. On appelait *maisné* le puîné ou le cadet qui arrivait à la succession de son aîné, décédé sans hoirs.

Les IV Quartiers de sa femme, Marguerite de Soissons, étaient :

1° Soissons-Moreul ;
2° Chastillon ;
3° Soissons ;
4° Hangest (1).

*
* *

Les IV Quartiers de Jacques de Croy, fils de Jacques l'Ancien et de Marguerite de Soissons, étaient :

1° Croy ;
2° Ghisnes ;
3° Soissons-Moreul ;
4° Soissons.

Les IV Quartiers de sa femme, Marie de Picquigny, étaient :

1° Picquigny ;
2° Luxembourg ;
3° Hangest ;
4° Chastillon (2).

*
* *

Les VIII Quartiers de Guillaume de Croy, fils de Jacques et de Marie de Piquigny, étaient ses IV Quartiers paternels et ses IV Quartiers maternels.

(1) JEAN SCOHIER. Ouv. cité, p. 4.
(2) Id., p. 5.

Les VIII Quartiers d'Ysabeau de Renty, sa femme, étaient :

1° Renty ;
2° Canny ;
3° Senighem ;
4° Flavy ;
5° Brimeux ;
6° Chaulle ;
7° Ghistelles ;
8° Flandre (1).

*
* *

Les XVI Quartiers de Jean, fils de Guillaume de Croy et d'Ysabeau de Renty, étaient ses VIII Quartiers paternels et ses VIII Quartiers maternels.

Les XVI Quartiers de Marguerite de Craon, sa femme, étaient :

1° Craon ;
2° Suilly ;
3° Coucy ;
4° Illigny ;
5° Flandre ;
6° Nelle ;
7° Haynault ;
8° Luxembourg ;
9° Chastillon ;

(1) JEAN SCOHIER. Ouv. cité, p. 7.

10° St Pol ;
11° Dreux ;
12° Montfort ;
13° Coucy ;
14° Illigny ;
15° St Pol de Chastillon ;
16° Brabant (1).

*
* *

Les XXXII Quartiers d'Anthoine de Croy, fils de Jean et de Marguerite de Craon, étaient ses XVI Quartiers paternels et ses XVI Quartiers maternels.

Les XXXII Quartiers de Marguerite de Lorraine, sa femme, étaient :

1° Lorraine ;
2° Autriche ;
3° Bloys ;
4° Valois ;
5° Wurtemberg ;
6° Bavière ;
7° Salm ;
8° Montbeliard ;
9° Joinville ;
10° Luxembourg ;
11° Vauldemont ;
12° Lorraine ;
13° Luxembourg ;

---
(1) Jean Scohier. Ouv. cité, p. 9.

14° Flandre ;
15° Chastillon ;
16° Bretagne ;
17° Harcourt ;
18° Lorraine ;
19° Ponthieu ;
20° Aumalle ;
21° Bourbon ;
22° Haynault ;
23° Valois ;
24° Sicile ;
25° Valois ;
26° Sicile ;
27° Lacerda ;
28° France ;
29° Beaumont-le-Royer ;
30° N... ;
31° Perche ;
32° N... (1).

*
* *

Les LXIV Quartiers de Philippe Ier, de Croy, fils d'Anthoine et de Marguerite de Lorraine, étaient ses XXXII Quartiers paternels et ses XXXII Quartiers maternels.

Les XXXII Quartiers de Jacqueline de Luxembourg, sa femme, étaient :

1° Luxembourg ;
2° Flandre ;
3° St Pol de Chastillon ;

---

(1) JEAN SCOHIER. Ouv. cité, p. 12.

4° Bretagne ;
5° Enghien ;
6° Athènes (Brienne) ;
7° S¹ Seuerin ;
8° N... ;
9° Baulx ;
10° Liches ;
11° Tarente ;
12° Constantinople ;
13° Nola ;
14° Colomna ;
15° Sabrant ;
16° Autriche ;
17° Bar ;
18° Bourgogne ;
19° Flandre ;
20° Bretagne ;
21° France ;
22° Bourgogne ;
23° Luxembourg ;
24° Bohême ;
25° Coucy ;
26° S¹ Pol ;
27° Autriche ;
28° Savoye ;
29° Angleterre ;
30° Castille ;
31° France ;
32° Navarre (1).

(1) JEAN SCOHIER. Ouv. cité, p. 17.

NOMENCLATURE DES PRINCIPALES MAISONS ALLIÉES

'OBSERVATION suivante, au point de vue héraldique et nobiliaire, a, nous semble-t-il, son importance et sa valeur.

Jacqueline de Luxembourg, alliée aux Maisons souveraines d'Angleterre, d'Autriche, de Bourgogne et de France, ne compte que XXXII Quartiers de noblesse; son mari, Philippe Ier, de Croy, en compte LXIV, précisément le double.

Cela seul, et dès le xve siècle, indique l'antiquité et la dignité de race de l'illustre Famille dont nous avons cherché à élucider quelques faits.

I

ALBRET.

Dans le principe : *De gueules plein.*

Au xive siècle : ESCARTELÉ : aux premier et dernier, *d'azur à III fleurs de lys d'or*, qui est de France; aux deuxième et tiers, *de gueules plein,* qui est d'Albret.

Charles de Croy, fils de Philippe et de Walburge de Mœurs, et petit-fils de Jean, Comte de Chimay, dit de la Houssette, fut Chevalier de la Toison d'Or, et épousa, en 1495, Loyse d'Albret, sœur de Jean, Roi de Navarre.

II

Amboise.

Pallé d'or et de gueules de VI pièces.

Charles de Croy, troisième fils de Henry et de Dame Charlotte de Chasteau-Bryant, épousa Françoise d'Amboise, vers 1524.

III

Angleterre.

De gueules, à III lyons léopardés d'or, armés, lampassés d'azur.

L'alliance avec la Maison d'Angleterre est renseignée déjà par les XXXII Quartiers de Jacqueline de Luxembourg (V. N° 29), femme de Philippe Ier, de Croy.

De plus, la Maison de Croy était alliée à la Maison de Lorraine.

Or, Marie de Lorraine, fille de Claude, Duc de Guise, épousa, en 1534, Louis II, d'Orléans, Duc de Longueville, qui mourut en 1537. Elle épousa en secondes noces, en 1538, Jacques V, Roi d'Écosse. Fut nommée Régente du Royaume, en 1542, à la mort de son royal époux.

IV

Aragon.

Escartelé : aux premier et dernier, *d'or, à IV peulx de gueules,* qui est d'Aragon; aux deuxième et tiers, *parti en trois de Hongrie, de France et de Hierusalem* (1).

Paschal Gaetano d'Aragon, comte d'Aliffé, fils aîné du Duc Laurenzano, épousa Dame Marie-Magdaleine-Josephe de Croy.

---

(1) Les Armes de France et de Hongrie sont amplement connues. Les Armes de

V

Arenbergh.

De gueules, à III quintefeuilles d'or, deux en chef, une en pointe.

Charles de Ligne, Prince d'Arenbergh, épousa, en 1587, Anne de Croy, fille aînée de Philippe, Duc d'Aerschot, et de Jenne de Halewyn; la dite Jenne était fille de Jean de Halewyn, Seigneur de Commines.

Anne de Croy, femme du dit prince d'Arenbergh, mourut le 26 Février 1635. Elle avait hérité de son frère Charles, qui mourut sans hoirs le 13 Janvier 1612, — encore qu'il eût eu deux femmes : Marie de Brimeux et sa cousine, Dorothée de Croy. Il ne laissa qu'un fils naturel, du nom de François.

VI

Aumalle.

De gueules, à II fasces d'or, qui est de Harcourt.

Alliance indiquée par les XXXII Quartiers de noblesse de Marguerite de Lorraine, femme d'Anthoine de Croy. (V. N° 20.)

(Voir Joinville.)

VII

Autriche.

De gueules, à la fasce d'argent (1).

Comme il conste des XXXII Quartiers de noblesse de Marguerite de Lorraine, femme d'Anthoine de Croy. (V. N° 2.)

(Voir, en outre, les XXXII Quartiers de Jacqueline de Luxembourg, femme de Philippe Ier, de Croy, N° 16.)

Jérusalem sont : *d'argent à la Croix potencée d'or, cantonnée de IV croisettes simples du même,* " qui est métal sur métal et fausseté en Armes, pour enquerre, suiuant l'intention de ceulx qui luy (à Godefroid de Bouillon) ordonnèrent ces Armes, afin que quand quelqu'vn les verrait, il eut occasion de s'enquerir pourquoi vn si grand Roy portait telles armes, et par ainsi pût estre informé de la conqueste „. (Vide Lovvan Geliot. Ouvr. cité, p. 57.)

(1) Ce sont bien là les Armes de la Maison d'Autriche ; celles de l'Empire sont différentes : *D'or, à l'aigle de sable à II têtes, éployée, couronnée, becquée et onglée*

VIII

Bar.

D'azur, à II bars adossés d'or, accompagnés de IV croisettes fichées du même.

Jeanne de Bar épousa Louis de Luxembourg, Comte de St Pol, Connétable de France. De ce mariage, Jacqueline de Luxembourg, qui épousa Philippe de Croy, fils d'Anthoine et de Marguerite de Lorraine (1455).

IX

Baulx.

De gueules, à l'estoile d'argent de XVI rais.

(Voir les XXXII Quartiers de Jacqueline de Luxembourg, femme de Philippe Ier, de Croy, N° 9.)

Hélaine de Croy, troisième fille de Henri et de Charlotte de Chasteau-Bryant, épousa Jacques de Luxembourg, Comte de Gavre, Seigneur de Fiennes, Chevalier de la Toison d'Or, qui portait : *escartelé de Luxembourg et de Baulx.*

X

Bavière.

Escartelé : aux premier et dernier, *de sable, au lyon d'or rampant, armé, lampassé, couronné de gueules,* qui est de Brabant; aux second et tiers, *lozangé d'argent et d'azur;* un escu *d'argent au lyon rampant d'azur, armé, lampassé de gueules,* qui est de Valdentz, *sur le tout.*

Louis de Bavière, dit *le Noir,* comte Palatin des Deux-Ponts, épousa, vers 1450, Jenne de Croy, fille aînée de Messire Anthoine et de Marguerite de Lorraine.

de gueules, tenant de la serre dextre un sceptre et une épée du même, de la senestre un globe de gueules surmonté d'une croix d'argent; l'aigle chargée en cœur d'un escu parti en trois : à dextre, *de Flandre,* au centre, *d'Autriche,* à senestre, *de Lorraine.* L'escu entouré du Collier de la Toison d'Or.

Devise : A. E. I. O. U. C'est-à-dire : Austriæ Est Imperare Orbi Universo.

XI

Beauffort.

De gueules, à III écussons d'argent, un bâton d'azur sur le tout.

Philippe de Croy, Comte de Solre, épousa, en 1570, Anne de Beaufort; elle était fille de Jean et de Magdalène de la Marck.

XII

Beaumont.

De gueules, à l'aigle d'argent, semé de senais d'hermine.

Jean de Croy, fils de Marc de Hongrie et de Catherine de Croy, épousa la fille du Vicomte de Beaumont.

XIII

Beaumont-le-Royer.

D'azur au lyon rampant d'or, semé de fleurs de lys du même.

(Voir les XXXII Quartiers de Marguerite de Lorraine, femme d'Anthoine de Croy, N° 29.)

XIV

Berghes-Saint-Winoc.

D'or, au lyon rampant de gueules, armé, lampassé d'azur.

(Voir les IV Quartiers de Jacques de Croy, dit *l'Ancien*, N° 4.)

XV

Berlaymont.

Fascé de vair et de gueules de VI pièces, qui est de Coucy.

Gilles, Comte de Berlaymont, Seigneur de Hierges, épousa Lambertine de Croy.

XVI

Blanckenheim.

D'or, au lyon rampant de sable, armé, lampassé de gueules, qui est de Flandre, *brisé d'un lambel de gueules.*

Guillaume de Looz, Comte de Blanckenheim, fils de Guillaume de Heinsberghe et de Marguerite de Moers, épousa Marie de Croy, deuxième fille d'Anthoine et de Marguerite de Lorraine. Il mourut en 1468.

Le Comté de Looz a pour Armes : *Burellé d'or et de gueules de X pièces.*

XVII

Blois.

De gueules, à III peulx de vair, au chef d'or.

Philippe de Croy, fils de Philippe et d'Anne de Croy, épousa, en secondes noces, Jenne de Bloys, fille de Louis, Seigneur du lieu, et de Charlotte de Humières. (1er Mai 1582.)

XVIII

Bohême.

De gueules, au lyon d'argent, à la queue fourchue, armé, lampassé, couronné d'or.

(Voir les XXXII Quartiers de Jacqueline de Luxembourg, femme de Philippe Ier de Croy, No 24.)

XIX

Bourbon.

D'azur, aux III fleurs de lys d'or, qui est de France, *au bâton de gueules posé en bande.*

Philippe de Croy, fils de Henry et de Charlotte de Chasteau-

Bryant, épousa, en secondes noces, Anne de Lorraine, fille d'Antoine et de Renée de Bourbon-Montpensier, descendante du Roi Louis IX de France (Saint Louis).

XX

Bourgogne.

Bandé d'or et d'azur de VI pièces, à la bordure de gueules, qui est Bourgogne ancien.
D'azur, à III fleurs de lys d'or, à la bordure componée d'argent et de gueules, qui est Bourgogne moderne.

Louyse de Croy, fille de Philippe et d'Anne de Croy, épousa Maximilien de Bourgogne, Marquis de la Vère. La dite Dame Louyse épousa, en secondes noces, Jean de Bourgogne, Seigneur de Froidmont.

(Voir, du reste, les XXXII Quartiers de Jacqueline de Luxembourg, femme de Philippe Ier de Croy, qui indiquent déjà cette alliance, N°s 18 et 22.)

XXI

Brabant.

De sable, au lyon rampant d'or, armé et lampassé de gueules.

La Maison de Croy est alliée à la Maison de Brabant par Marguerite de Lorraine, femme d'Anthoine, Seigneur de Porcean, laquelle Marguerite avait pour aïeul Henri Ier, Duc de Brabant.

XXII

Bretagne.

D'hermine plein.

(Voir les XXXII Quartiers de Marguerite de Lorraine, N° 16, et les XXXII Quartiers de Jacqueline de Luxembourg, N° 4.)

XXIII

Brienne (Duc d'Athènes).

Équipollé, V poincts de gueules et IV d'hermine.

(Voir les XXXII Quartiers de Jacqueline de Luxembourg, femme de Philippe Ier de Croy, No 6.)

Sohier, Seigneur d'Enghien, Comte de Brienne, Duc d'Athènes, soutenait énergiquement les droits de sa Seigneurie contre Aubert, Régent du Hainaut. Cet Aubert était le troisième fils de Marguerite d'Avesne, Comtesse du Hainaut, femme de Louis de Bavière, Empereur d'Allemagne. Ne pouvant vaincre la résistance du Seigneur Duc, le Régent l'attira dans un château aux environs de Valenciennes, s'empara de sa personne, le fit conduire au donjon du Quesnoy et, malgré les protestations des Pairs du Hainaut, fit trancher la tête à son opiniâtre adversaire. La famille de l'assassiné prit les armes, fut soutenue par une foule de Seigneurs et de Gentilshommes, entra en campagne et obligea l'inique Régent à reconnaître tous les droits des Seigneuries.

Le Duc d'Athènes, allié à la Maison de Jérusalem et de Constantinople, l'était également à la Maison de Flandre, à laquelle, à leur tour, Marguerite de Lorraine et Jacqueline de Luxembourg étaient alliées.

XXIV

Brimeux.

D'argent aux III aigles de gueules, membrées et becquées d'azur, deux en chef, une en poincte.

La Maison de Brimeux était, dès le xive siècle, alliée à la Maison de Renty, qui, elle, s'allia à la Maison de Croy.

En outre, Ferry de Croy, Chevalier de la Toison d'Or, épousa Lamberte de Brimeux, fille de Guy, Comte de Meghem, et d'Antoinette des Rembures.

Enfin, Charles de Croy, fils de Philippe et de Jenne de Halewyn, épousa, en premières noces, Marie de Brimeux (1580).

XXV
Canny.

D'or, à X lozanges de gueules posés en pal.

(Voir les VIII Quartiers d'Ysabeau de Renty, femme de Guillaume de Croy, N° 2.)

XXVI
Castille.

De gueules, à une tour sommée de III tourelles, d'or.

(Voir les XXXII Quartiers de Jacqueline de Luxembourg, femme de Philippe Ier de Croy, N° 30.)

XXVII
Chasteau-Bryant.

De gueules, semé de fleurs de lys d'or.

Henry de Croy, fils aîné de Philippe et de Dame Jacqueline de Luxembourg, épousa Charlotte de Chasteau-Bryant.

XXVIII
Chastillon.

De gueules, à III peulx de vair, au chef d'or, qui est de Bloys, chargé d'un lambel d'azur à III pendants.

(Voir Craon.)

XXIX
Chaulle.

D'or, à III lyons de sable, armés, lampassés de gueules, deux en chef, l'aultre en poincte.

(Voir les VIII Quartiers d'Ysabeau de Renty, femme de Guillaume de Croy, N° 6.)

XXX

Colomna.

De gueules, à la colomne d'argent en pal, soubassée et couronnée d'or.

(Voir les XXXII Quartiers de Jacqueline de Luxembourg, femme de Philippe Ier de Croy, No 14.)

XXXI

Commines (La Clite).

De gueules au chevron d'or, accompagné de III coquilles d'argent, deux en chef, une en poincte.

Jean de Commines, Chevalier de la Toison d'Or, avait épousé Jeanne de Preure, Douairière de Jean, Seigneur de Nevele et de Fosseux. Leur fils Jean prit à femme Jeanne d'Estouteville; la fille d'iceux, également nommée Jeanne, Dame de Commines, épousa Jean, Sire de Halewyn, dont la branche s'est fondue en la Maison des Ducs de Croy et d'Aerschot.

(Voir Halewyn.)

XXXII

Constantinople.

De gueules, à l'aigle esployée d'or.

(Voir les XXXII Quartiers de Jacqueline de Luxembourg, femme de Philippe Ier de Croy, No 12.)

XXXIII

Coucy.

Fascé de vair et de gueules de VI pièces.

L'alliance avec la Maison de Coucy est déjà signalée par les Quartiers de Marguerite de Craon.

En outre, Philippe de Croy, fils de Jacques et d'Yolande de Lannoy, épousa, en troisièmes noces, Guillemette de Coucy.

XXXIV
CRAON.

Lozangé d'or et de gueules.

Jean de Croy, fils de Guillaume et d'Ysabeau de Renty, épousa Marguerite de Craon, fille de Jean, Sire de Dommartin, et de Marie de Chastillon (1384).

XXXV
DREUX.

Eschiqueté d'or et d'azur, à la bordure de gueules.

Hadrien de Boulainvilliers, Vicomte de Dreux, épousa Marie de Croy, fille de Ferry, Chevalier de la Toison d'Or, et de Lamberte de Brimeux.

XXXVI
EGMONT.

Chevronné d'or et de gueules de XII pièces.

Louis-Philippe d'Egmont, Prince de Gavre, Grand d'Espagne, Vice-Roi de Sardaigne, petit-fils de Lamoral, épousa Marie-Ferdinande de Croy, Marquise de Renty (1680) (?).

XXXVII
ENGHIEN.

Gironné d'argent et de sable de X pièces; les girons de sable chargés de III croisettes recroisettées et fichées d'or.

(Voir les XXXII Quartiers de Jacqueline de Luxembourg, femme de Philippe Ier de Croy, N° 5.)

XXXVIII
ESTOUTEVILLE.

Burellé d'argent et de gueules de X pièces, au lyon rampant de sable, armé, lampassé, encollé d'or.

Guy d'Estouteville, Seigneur de Moyon, épousa Ysabeau de Croy, fille d'Anthoine et de Marguerite de Lorraine.

XXXIX
Flandre.

D'or, au lyon rampant de sable, armé, lampassé de gueules.

La Maison de Croy était alliée, dès le xive siècle, à la Maison de Flandre. Celle-ci est renseignée parmi les VIII Quartiers de Noblesse d'Ysabeau de Renty, femme de Guillaume de Croy (1354).

XL
Flavy.

D'hermine, à la croix de gueules, chargée de V quintefeuilles d'or.

(Voir les VIII Quartiers d'Ysabeau de Renty, femme de Guillaume de Croy, N° 4.)

XLI
France.

D'azur, à III fleurs de lys d'or, deux en chef, une en poincte.

L'alliance des Croy avec la Maison de France est constatée déjà par les XXXII Quartiers de Marguerite de Lorraine.

De plus, Marie Stuart, fille de Jacques V, Roi d'Écosse, et de Marie de Lorraine, alliée à la Maison de Croy, épousa à seize ans, en 1558, François II, d'abord Dauphin, puis Roi de France. Devint veuve en 1560, dix-huit mois après son mariage.

Enfin, par Yolande de Courtenay, deuxième femme d'André II de Hongrie, frère de Marc, dont la petite-fille, Isabelle d'Aragon, épousa Philippe le Hardy, Roi de France (1258).

Par son alliance avec la Maison de Bar, les Croy étaient également alliés à la Maison de France. En effet, Robert de Bar, un des aïeuls maternels de Jacqueline de Luxembourg, femme de Philippe Ier de Croy, avait épousé Marie de France, fille aînée de Jean II, dit le Bon.

XLII
Ghisnes.

Vairé et contrevairé d'or et d'azur.

Guillaume, deuxième fils de Marc de Hongrie et de Catherine de Croy, épousa Anne de Ghisnes.

XLIII

Ghistelles.

De gueules, au chevron d'hermine.

(Voir les VIII Quartiers d'Ysabeau de Renty, femme de Guillaume de Croy, N° 7.)

En outre : Robert de Bethune épousa, en troisièmes noces, Dame Ysabeau de Ghistelles ; leur fille Jehanne épousa Robert de Bar ; Jenne de Bar, fille des deux précédents, épousa Louis de Luxembourg, Comte de St Pol, Connétable de France ; Jacqueline de Luxembourg, fille du Comte susdit et de Jenne de Bar et petite-fille de Robert de Bethune et d'Ysabeau de Ghistelles, épousa Philippe Ier de Croy (1455).

XLIV

Halewyn.

D'argent, à III lyons de sable, armés, lampassés, couronnés d'or.

Philippe de Croy, fils de Philippe et d'Anne de Croy, épousa Jenne de Halewyn, Dame de Commines, Rolleghem, etc. (1559).

XLV

Hamael.

De gueules, à la fasce fuselée d'argent.

Guillaume de Croy, Seigneur de Chièvres, troisième fils de Philippe et de Jacqueline de Luxembourg, épousa Marie de Hamal.

XLVI

Hangest.

D'or, à la croix ancrée de gueules.

(Voir les IV Quartiers de Marguerite de Soissons, femme de Jacques de Croy, dit *l'Ancien*, N° 4.)

XLVII
Harcourt.

De gueules, à II fasces d'or.
(Voir Lorraine.)

XLVIII
Haynault.

Escartélé : aux premier et dernier, *d'or, au lyon rampant de sable, armé, lampassé de gueules,* qui est de Flandre ; aux second et tiers, *d'or, au lyon rampant de gueules, armé, lampassé d'azur,* qui est de Hollande.

(Voir les XVI Quartiers de Marguerite de Craon, femme de Jean de Croy, N° 7.)

XLIX
Hongrie.

Burellé d'argent et de gueules de VIII pièces.

Marc, Seigneur de Guyancourt, frère d'André II, Roi de Hongrie, épousa Catherine de Croy, Dame du lieu et d'Araines (1181).

L
Illigny (Cartier escochois).

De gueules, à l'escusson de vair vuidé et remply de gueules.

(Voir les XVI Quartiers de Marguerite de Craon, femme de Jean de Croy, N° 14.)

LI
Joinville.

D'azur, à III broyes d'or liées d'argent, au chef d'hermine chargé d'un lyon naissant de gueules.

(Voir les XXXII Quartiers de Marguerite de Lorraine, femme de Anthoine de Croy, N° 9.)

Marguerite de Lorraine, qui fut la femme d'Anthoine de Croy, était fille aînée d'Anthoine de Lorraine, Comte de Vaudemont et de Guise, Baron de Joinville, et de Marie d'Harcourt, Dame d'Aumale, d'Elbeuf, de Mayenne, d'Aerschot et de Bierbeek.

LII

Lacerda.

Escartelé : aux premier et dernier, *de gueules, à une tour sommée de III tourelles d'or,* qui est de Castille; aux second et tiers, *d'argent, au lyon de gueules couronné d'or,* qui est de Leon.

(Voir les XXXII Quartiers de Marguerite de Lorraine, femme d'Anthoine de Croy, N° 27.)

LIII

Lalaing.

Escartelé : aux premier et dernier, *de gueules, à X lozanges d'argent posés en pal,* qui est de Lalaing; aux second et tiers, *d'or, au chef bandé d'argent et de gueules de VI pièces,* qui est de Kieurain.

Jean de Croy, fils de Jean et de Marguerite de Craon et frère d'Anthoine, épousa Marie de Lalaing, Dame de Kieurain (1430).

Il était, comme nous l'avons dit plus haut, Seigneur de Tour-sur-Marne et Comte de Chimay.

En outre, Jean de Croy, fils de Philippe et d'Anne de Beaufort, épousa Jeanne de Lalaing, Dame de Montigny.

LIV

La Marck.

D'or, à la fasce eschiquetée d'argent et de gueules, au lyon yssant de gueules, en chef.

Robert de la Marck, Seigneur de Sedan, épousa Catherine de Croy, fille de Philippe et de Walburge de Mœurs (1485) (?). Ce Robert — à qui le Sire de Brantôme a consacré un article dans ses *Vies des*

Capitaines Françoys — était le frère d'Evrard de la Marck, Prince-Évêque de Liége.

En outre, Philippe de Croy, fils de Jacques, Seigneur de Sempy, et d'Yolande de Lannoy, épousa Anne de Beauffort, fille de Jean et de Magdalène de la Marck (1540) (?).

LV

Lannoy.

D'argent, à III lyons de sinople armés et couronnés d'or, lampassés de gueules.

Par Anthoine de Croy, fils de Jean et de Marguerite de Craon, et, en premières noces, époux de Marie de Roubaix, dont la mère était Dame Agnès de Lannoy.

En outre, Hugues de Lannoy, Chevalier de la Thoison d'Or, épousa Jeanne de Croy, sœur du dit Anthoine, *supra* désigné.

LVI

Liches.

Gironné d'argent et de sable de X pièces; les girons de sable chargés de III croisettes recroisettées et fichées d'or, qui est d'Enghien.

(Voir les XXXII Quartiers de Jacqueline de Luxembourg, femme de Philippe Ier de Croy, No 10.)

LVII

Ligne.

D'or, à la bande de gueules.

Jean, Baron de Ligne, Chevalier de la Toison d'Or, épousa Jacqueline de Croy, fille d'Anthoine et de Marguerite de Lorraine.

(Voir Arenbergh.)

LVIII
Lorraine (ou de Guise).

D'or, à la bande de gueules chargée de III alérions d'argent.

Anthoine de Croy, fils de Jean et de Marguerite de Craon, épousa, en secondes noces, Marguerite de Lorraine, fille d'Anthoine, Comte de Vauldemont, et de Marie d'Harcourt (1432).

LIX
Loz (Looz).

(Voir Blanckenheim.)

LX
Luxembourg.

D'argent, au lyon rampant de gueules, la queue fourchue passée en saultoir, armé, lampassé, couronné d'or.
Les Armes du Duché de ce nom sont : *Burellé d'argent et d'azur de X pièces, un lyon rampant de gueules sur le tout.*

Philippe Ier de Croy, fils d'Anthoine et de Marguerite de Lorraine, épousa Jacqueline de Luxembourg (1455), fille de Louis, Comte de St Pol, Connétable de France, et de Dame Jenne de Bar.

LXI
Merode.

Pallé d'or et de gueules de VIII pièces, bordé d'azur.

Par le mariage de Philippe-Emmanuel de Croy, Comte de Solre, Baron de Molembaix, Seigneur de Beaufort, Chevalier de la Thoison d'Or, etc., avec Dame Ysabeau-Claire Vilain XIIII, dont la mère était Ysabeau-Marguerite de Merode.

LXII

Mœurs.

D'or, à la fasce de sable.

Philippe de Croy, Chevalier de la Toison d'Or, fils aîné de Jean, dit de la Houssette, premier Comte de Chimay, et de Marie de Lalaing, Dame de Kieuraing, épousa Walburge de Mœurs, fille de Vincent, Comte de Mœurs, et d'Anne de Bavière des Deux-Ponts.

LXIII

Montbéliard.

De gueules, à III bezands d'or, deux en chef, un en poincte.

(Voir les XXXII Quartiers de Marguerite de Lorraine, femme d'Anthoine de Croy, N° 8.)

LXIV

Montfort.

De gueules, au lyon rampant d'argent, armé, lampassé d'or.

(Voir les XVI Quartiers de Marguerite de Craon, femme de Jean de Croy, N° 12.)

Marie de Croy, fille d'Anthoine et de Marie-Jenne de Roubaix, épousa Henri, Vicomte de Montfort-sur-Yssel.

LXV

Montmorency.

D'or, à la croix de gueules, cantonnée de XVI alérions d'azur.

Nicolas de Montmorency, Seigneur de Vengedis, Chef des Finances des Archiducs d'Autriche, épousa Anne de Croy, fille unique de Jacques, Seigneur de Sempy.

Philippe-Emmanuel-Ferdinand de Croy, Comte de Solre et de Buren, Baron de Molenbaix et de Beaufort, Grand-Veneur héréditaire du Haynault, Lieutenant Général des armées du Roi de France, épousa, en 1672, Anne-Marie-Françoise de Burnôville, fille d'Alexandre et de Jeanne-Ernestine-Françoise d'Arenbergh. Philippe-Emmanuel-Ferdinand de Croy mourut à Paris, le 22 Décembre 1718, à l'âge de septante-sept ans.

Sa fille épousa, le 12 janvier 1704, Charles de Montmorency, Prince de Robeck.

LXVI

Nassau.

D'azur, au lyon rampant d'or, armé, lampassé de gueules, billeté d'or.

Walrand, Prince de Nassau, épousa Catherine-Françoise-Élisabeth-Marie de Croy, fille d'Eustache, Comte de Rœulx, Seigneur de Hangest-sur-Somme, Chevalier de la Toison d'Or, et de Élisabeth de Bronckhorst.

Catherine-Françoise-Élisabeth-Marie de Croy, Princesse de Nassau, mourut en 1686.

LXVII

Navarre.

Escartelé : aux premier et dernier, *de gueules, à l'escarboucle pommelée d'or*, qui est de Navarre ; aux second et tiers, *d'azur, à la bande d'argent, accompagnée de deux cotices d'or, potencées et contrepotencées,* qui est de Champagne.

(Voir les XXXII Quartiers de Jacqueline de Luxembourg, femme de Philippe Iᵉʳ de Croy, N° 32.)

(Voir Albret.)

LXVIII

Nesles.

De gueules, à II bars adossés d'or, semé de trèfles du même.

(Voir les XVI Quartiers de Marguerite de Craon, femme de Jean de Croy, N° 6.)

Mahaud de Nesles épousa Raoul de Soissons ; leur fille unique épousa Bernard. Seigneur de Moreul et de Coeuvres.

LXIX

NOLA.

Bandé d'argent et de gueules de VI pièces, au chef coupé d'or et d'argent, chargé d'une rose de gueules, qui est des Ursins.

(Voir les XXXII Quartiers de Jacqueline de Luxembourg, femme de Philippe Ier de Croy, N° 13.)

LXX

PERCHE.

D'azur, à IV lyons rampant d'or, II en chef, II en poincte.

(Voir les XXXII Quartiers de Marguerite de Lorraine, femme d'Anthoine de Croy, N° 31.)

LXXI

PERWEZ.

Eschiqueté d'or et de gueules de V tires, au lyon de sable armé, lampassé d'or sur le tout.

Archambault de Croy, fils aîné de Jean et de Marguerite de Craon, épousa Jenne de Perwèz (1410).

LXXII

PICQUIGNY.

Fascé d'argent et d'azur de VI pièces, à la bordure de gueules.

Jacques de Croy, fils de Jacques l'Ancien et de Marguerite de Soissons, épousa Marie de Picquigny (1313).

LXXIII

PONTHIEU.

D'or, à la bande d'azur, à la bordure de gueules.

(Voir les XXXII Quartiers de Marguerite de Lorraine, femme d'Anthoine de Croy, N° 19.)

LXXIV

Renesse.

Escartelé : aux premier et dernier, *de gueules, au lyon rampant d'or, billeté du même,* qui est de Renesse; aux second et tiers, *de gueules, à la fasce fuselée d'argent,* qui est de Hamal; *un escu de sable, à III chevrons d'argent,* qui est de Maigny, *sur le tout.*

Guillaume de Croy, fils de Philippe et d'Anne de Croy, Marquis de Renty et Prince de Chimay, épousa Anne de Renesse.

LXXV

Renty.

D'argent, à III doloires de gueules, deux adossés en chef, une en poincte.

Guillaume de Croy, fils de Jacques et de Marie de Picquigny, épousa Ysabeau de Renty, fille d'Adrien et de Marie de Brimeux (1354).

LXXVI

Roubaix.

D'hermine, au chef de gueules.

Anthoine de Croy, fils de Jean et de Marguerite de Craon, épousa, en premières noces, Marie de Roubaix, fille de Jean, Seigneur de Herzele, et d'Agnès de Lannoy.

LXXVII

Sabrant.

De gueules, au lyon rampant d'argent, armé, lampassé d'or, qui est de Montfort.

(Voir les XXXII Quartiers de Jacqueline de Luxembourg, femme de Philippe Ier de Croy, N° 15.)

LXXVIII
S t Pol.

D'azur, à une iarbe dauaine d'or.

(Voir Chastillon, Craon et Luxembourg.)

LXXIX
S t Severin.

D'argent, à la fasce de gueules, à la bordure d'azur.

(Voir les XXXII Quartiers de Jacqueline de Luxembourg, femme de Philippe I er de Croy, N° 7.)

LXXX
Salm.

De gueules, à II saulmons adossés d'or.

(Voir les XXXII Quartiers de Marguerite de Lorraine, femme d'Anthoine de Croy, N° 7.)

LXXXI
Savoye.

De gueules, à la croix d'argent.

(Voir les XXXII Quartiers de Jacqueline de Luxembourg, femme de Philippe I er de Croy, N° 28.)

LXXXII
Senighem.

De gueules, à la quintefeuille percée d'argent.

(Voir les VIII Quartiers d'Ysabeau de Renty, femme de Guillaume de Croy, N° 3.)

Ysabeau de Renty, qui épousa Guillaume de Croy (1354), était fille d'Adrien, Seigneur du dit lieu de Renty et de Senighem, et de Dame Marie de Brimeux.

LXXXIII

Sicile.

Taillé et tranché : en chef et en poincte, *d'azur, à III fleurs de lys d'or*, qui est de France ; efflanqué, *d'argent, à l'aigle de sable*, qui est de Sicile.

(Voir les XXXII Quartiers de Marguerite de Lorraine, femme d'Anthoine de Croy, N°s 24 et 26.)

LXXXIV

Soissons.

D'or, au lyon passant de gueules, à la bordure engrellée, du même.

Jacques, dit l'Ancien, fils de Guillaume de Croy et d'Anne de Ghisnes, épousa Marguerite de Soissons, laquelle Marguerite était fille de Bernard, sixième du nom, Seigneur de Moreul et de Cœuvres, Conseiller du Roi et Maréchal de France ; la femme du dit Bernard, mère de Marguerite, était la fille unique de Raoul de Soissons et de Mahaud de Nesles.

LXXXV

Soissons-Moreul.

D'azur, semé de fleurs de lys d'or, au lyon yssant d'argent, qui est de Moreul.

(Voir les IV Quartiers de Marguerite de Soissons, femme de Jacques de Croy, dit *l'Ancien*, N° 1.)

Marguerite était la fille de Bernard, Seigneur de Moreul, et de la fille unique de Messire Raoul de Soissons.

LXXXVI

Suilly (Castille).

D'azur, semé de fleurs de lys d'or, au lyon du même, armé, lampassé de gueules sur le tout.

(Voir les XVI Quartiers de Marguerite de Craon, femme de Jean de Croy, N° 2.)

LXXXVII
Tarente.

Escartelé : aux premier et dernier, *d'azur, à III fleurs de lys d'or, deux en chef, une en poincte,* qui est de France; au second, *de gueules à l'estoile d'argent à XVI rais,* qui est de Baulx; au troisième, *d'or, au huchet de sable lié du même.*

(Voir les XXXII Quartiers de Jacqueline de Luxembourg, femme de Philippe Ier de Croy, N° 11.)

LXXXVIII
Valois.

D'azur, à III fleurs de lys d'or, II en chef, une en poincte, qui est de France, *à la bordure de gueules bezandée d'argent.*

(Voir les XXXII Quartiers de Marguerite de Lorraine, femme d'Anthoine de Croy, N°s 4, 23 et 25.)

LXXXIX
Vauldemont.

Burellé d'argent et de sable, de XII pièces.
(Voir Lorraine.)

XC
Vilain (de Gand).

De sable, au chef d'argent.

Philippe-Emmanuel de Croy, fils de Jean et de Jeanne de Lalaing, Marquise de Renty, Comte de Solre, Baron de Molenbaix, Seigneur de Beauffort, Condé et Montigny, Chevalier de la Toison d'Or, Grand-Veneur des pays et comté de Haynault, épousa Ysabeau Claire Vilain XIIII, fille de Lamoral, Comte de Gand et d'Isenghien, et d'Ysabeau-Marguerite de Merode.

XCI

Wurtenberg.

D'or, à III ramures de cerf de sable, posées en fasce, l'une sur l'autre.

(Voir les XXXII Quartiers de Marguerite de Lorraine, femme d'Anthoine de Croy, N° 5.)

XCII

Ximenez de Cisneros.

Eschiqueté d'or et de gueules.

Jean de Croy, Duc de Havré, Prince et Maréchal de l'Empire, né le 30 Mai 1686, mort le 24 Mai 1727, épousa Marie-Anne-Césarine de Lenti, Princesse de la Renère, qui lui donna cinq enfants. Leur fille Marie-Anne-Charlotte de Croy épousa Joachim-Antoine de Ximenez, Marquis d'Avitza, Grand d'Espagne de première classe.

*
* *

E nom qui termine notre nomenclature est un des plus illustres de l'Espagne. Il rappelle la grande figure de François de Cisneros (1437 † 1517), Cardinal-Archevêque de Tolède, Conseiller d'Isabelle de Castille, l'homme à qui Charles-Quint devait peut-être son royaume de Tra los Montes, et qu'il paya de la plus noire ingratitude. Mais, à côté de ce nom, que de noms encore, et des plus hauts !

C'est toujours une lourde charge que de se sentir solidaire de la vaillance et de l'honneur d'une longue suite d'ayeux ;

mais devoir marcher sous l'œil des Albret, des Craon, des Montmorency, des Guise, des Arenberghe, des Ligne, des Aragon, des Vilain XIIII, des Chasteau-Bryant, des Lalaing, des Merode, des gens de Bretagne, des fils de France et de tant d'autres qui ont gardé le dépôt des vertus chevaleresques, quelle tâche plus lourde encore! et qui oserait l'assumer sans avoir une âme haute, soutenue par un cœur solidement trempé?

Or, après étude de leurs faits et gestes, après avoir feuilleté leurs annales, après avoir ouï leurs dicts, nous pensons que les Croy n'ont jamais manqué aux devoirs imposés par l'honneur, et rarement oublié ce qu'ils devaient aux autres et à eux-mêmes.

Si, parmi eux, parfois, il y eut des Membres oublieux de leurs hautes traditions et indifférents à la grandeur de leur vieille Maison, ils n'en étaient pas moins du sang royal de St Étienne.

Et toujours on trouva dans leurs rangs des hommes pour *se souvenir*, comme le vieil Anthoine; pour *être présents au combat*, comme son fils, le vaillant Philippe; *pour servir l'Eglise*, comme Anthoine, Évêque de Térouane, Guillaume, Cardinal-Archevêque de Tolède, et Robert, Évêque de Cambray; pour mériter le titre de *Sage*, comme Guillaume, Sire de Chièvres; pour *garder espoir dans la captivité* et *déployer énergie dans la lutte*, comme Jean de la Houssette; pour être *prêts à défendre la bonne cause*, comme le Comte Philippe, le fils du dit Jean de la Houssette, et *la plus roide lance de son temps;* pour être *Négociateur habile et Ambassadeur intègre*, comme Charles, le Parrain de Charles-Quint; pour savoir enfin *mourir humblement dans l'attente de l'éternelle résurrection*, comme l'époux de Marie de Brimeux, ce fils de Philippe, IIIe du nom, et de Jenne de Halewyn.

Et pour faire tout cela, pour accomplir ces œuvres, pour se conduire avec noblesse et grandeur, les Croy ont eu plus que la doctrine qui enseigne : ils ont eu les exemples qui entraînent.

Aujourd'hui encore, ils continuent la tradition, et, quand tant d'autres, qui ne les valent pas, se bornent à être des chevaliers du turf et des inutiles de " la haute vie ", en marchant dans les rangs démocratiques de notre armée nationale, ils servent volontairement la Patrie; en revêtant, avec une simplicité tranquille, la robe de bure de l'Apôtre, ils se donnent à l'Église.

*
* *

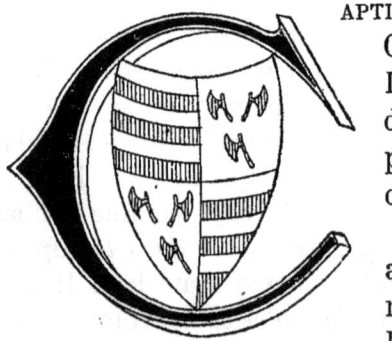

Aptifs du devoir, Henri-François-Ghislain-Marie, Prince de Croy, Lieutenant au 1er Guides, est, dans le courant d'Avril 1891, parti pour la sombre terre d'Afrique ;

Fernand, Prince de Croy, après avoir reçu le sous-diaconat à Tournay (14 Juillet 1892), le diaconat à Rome (17 Décembre même année), la prêtrise en la même ville (1er Avril 1893), a renoncé au monde et à ses œuvres, pour se consacrer tout entier aux œuvres de Dieu.

Émule d'héroïques *plébéiens* comme Popelin, Raemaeckers, Becker, Van de Velde, Coquilhat, et d'intrépides *noblemen* comme d'Ursel et de Lalaing, le premier va braver les misères du mystérieux Continent noir, avec son soleil terrible, ses déserts immenses, ses fleuves perfides, ses hideux reptiles, ses monstrueux sauriens, ses grands fauves errants; sans compter ses marchands d'esclaves, ses répugnants et grotesques despotes et ses mangeurs d'hommes, plus féroces, plus avides et plus dégradés que ses fauves, ses sauriens et ses reptiles.

Le second — travail plus tenace, plus obscur, mais plus haut — se fait l'humble serviteur du pauvre et de l'abandonné et dédaigne les grandeurs terrestres pour les promesses du Ciel.

Fidèles aux principes de vaillance et d'abnégation de leur race illustre, ni l'un ni l'autre ne craignent les épreuves et les dangers, et, avec l'intégrité de leur nom de haute marque, soutiennent fièrement l'honneur de leur Maison, plus de dix fois séculaire.

Comme leur austère aïeul Anthoïne, *ils se souviennent*, comprennent que *Noblesse oblige* et savent que l'accomplissement du devoir est la raison de la glorieuse récompense.

Ce dont aujourd'hui, en cette fin de siècle, d'aucuns plus guère ne se préoccupent!

Vendredi, 25 Août 1893.

BURY ADELS-TORN.

TABLE DES MATIÈRES

Avant-propos . . . .

CHAPITRE PREMIER.

LA VIEILLE FERME DES STEVENS.

I. Développement de St-Josse-ten-Woude, ou ter Hoye.	9
II. Son aspect au xvᵉ siècle.	11
III. Ce que son nom peut signifier	15
IV. Ce qui reste du vieux faubourg	30
V. Désastres qu'il eut à subir	31
VI. Mutations du domaine des Croy. Acte du 8 May 1717.	33
VII. Acte du 11 Février 1722.	35
VIII. Acte du 24 Mars, même année, et du 12 May 1776	″
IX. Lettres du 3 May 1779 .	38
X. Mutations de la partie Sud du domaine.	43
XI. Acte du 10 Avril 1739 .	44
XII. Acte du 29 Ventose an XIII.	45
XIII. Acte du 8 Mai 1818.	46
XIV. Le domaine devenu propriété de la famille Stevens.	47
XV. Époque à laquelle remonte l'édification du Château .	48
XVI. Opinion de Van Gestel.	50
XVII. Ce que devait être le domaine et à quel Croy il doit sa construction .	51
XVIII. Aspect de la vieille ferme. La cheminée de la grande salle.	53
XIX. L'écusson de la cheminée	55
XX. Sa devise	56
XXI. Époque à laquelle doivent remonter la pierre héraldique et la devise	60

CHAPITRE II.

LES BOURGUIGNONS ET LA TOISON D'OR.

XXII. La Famille de Croy et les Bourguignons	63
XXIII. Reconstitution du Duché de Bourgogne. Philippe le Hardy. La Pairie	64
XXIV. Jean sans Peur. Assassinat de Louis d'Orléans	71
XXV. Tentatives de Jean sans Peur. Il est assassiné au pont de Montereau	76
XXVI. Douleur et indignation de Philippe le Bon; il entre dans l'alliance anglaise.	79
XXVII. Le Concile Œcuménique de Constance. Pacification de l'Église et des États chrétiens.	81
XXVIII. Institution de l'Ordre de la Toison d'Or. Motifs de cette institution	84
XXIX. Maîtresses de Philippe le Bon	85
XXX. Le lac d'amour du bon Duc.	88
XXXI. Mœurs du temps	90
XXXII. La beauté chez les Dames de la Maison de Croy. . . .	92
XXXIII. Armes de Philippe le Bon. Portrait inédit de ce Duc Souverain.	94
XXXIV. Acte ducal instituant l'Ordre de la Thoison d'Or. Premiers Chevaliers	97
XXXV. Les Ordonnances.	106
XXXVI. Le Chef de l'Ordre	109
XXXVII. Le Chancelier	110
XXXVIII. Le Trésorier	"
XXXIX. Le Greffier	"
XL. Le Roy d'Armes, appelé *Thoison d'Or prudent.* . . .	111
XLI. Approbation de l'Ordre par les Pères du Concile Œcuménique de Bâle.	112
XLII. Les Croy, Chevaliers de l'Ordre et leurs Armes. . . .	113
I. Anthoine	"
II. Jean	114
III. Philippe, fils d'Anthoine	115
IV. Philippe, fils de Jean.	"
V. Charles, premier Prince de Chimay, Ambassadeur, Parrain de Charles-Quint	116
VI. Guillaume, fils de Philippe Ier	122
VII. Michel, fils de Jean	"
VIII. Ferry	123

       ix. Philippe, fils de Henry 123
       x. Antoine, frère de Charles l'Ambassadeur. . . 124
      xi. Adrien, fils de Ferry. . . . . . . »
     xii. Philippe, fils de Philippe et d'Anne de Croy. . »
    xiii. Guillaume, frère du précédent. . . . »
    xiv. Charles, fils de Philippe et de Jeanne de Halewyn. 125
     xv. Charles-Philippe . . . . . . »
    xvi. Philippe, fils de Jacques et de Yolande de Lannoy. 126
   xvii. Jean, fils du précédent 127
  xviii. Charles-Alexandre . . . . . . »
   xix. Philippe-François . . . . »
    xx. Eustache 128
   xxi. Philippe-Emmanuel . . . . . . »

XLIII. De ceux qui portèrent les Armes pleines de la dite Maison de
       Croy . . . . »

CHAPITRE III.

LES CROY.

XLIV. Généalogie des Croy. Opinion de Sanderus. 131
XLV. Noblesse de cœur et noblesse d'épée 142
XLVI. Époque des règles et de la discipline héraldiques. . . 144
XLVII. Sa cause. Exode d'agnats de la Maison Royale de Hongrie. 145
XLVIII. Mariage de Marc de Hongrie avec Catherine de Croy. Armes
      d'icelui 148
XLIX. Guillaume, fils de Marc et de Catherine de Croy, et Guillaume,
      fils de Jacques II et de Marie de Picquigny, modifient les
      dites Armes 151
L. Ces Armes aux xiie xiiie, et xive siècles. 152
LI. Jean de Croy. 154
LII. Son fils Archambault 156
LIII. Anthoine de Croy. 157
LIV. Ses démêlés avec le Comte de Charolais. Fière réponse d'An-
     thoine au Bâtard de Bourgogne. 162
LV. Mort de Philippe le Bon, et de ce qui s'ensuivit . . . 164
LVI. Notification du Téméraire, comme Grand-Maître de l'Ordre, aux
     chefs de la Maison de Croy. Ceux-ci se retirent dans leurs
     terres 165
LVII. Remontrances du Téméraire aux Chevaliers de l'Ordre . . 167

LVIII. Réplique du Chapitre	168
LIX. Mort de Charles de Bourgogne	170
LX. Enfants d'Anthoine de Croy.	174
LXI. Philippe de Croy, Comte de Porcean.	178
LXII. Enfants du dit Comte Philippe	183
LXIII. Henry de Croy	187
LXIV. Philippe de Croy, Duc d'Aerschot.	188
LXV. Philippe de Croy, troisième du nom	190
LXVI. Duc Charles de Croy	192
LXVII. Les devises des Croy, Chevaliers de la Toison d'Or	193
LXVIII. Devises des Chefs de la Maison	195
LXIX. A qui peut s'appliquer la devise de notre pierre héraldique et la pierre héraldique elle-même	197
Conclusion	201
Alliances des Croy. Armes des Maisons alliées. Traditions familiales et séculaires	211

LÉGENDES DES QUATRE PLANCHES HORS TEXTE

Pierre héraldique :

ARMES DES CROY.
    Frise de la vieille cheminée de la Ferme des Stevens à Saint-Josse-ten-Woude, dit Saint-Josse-ten-Noode 9

PHILIPPE LE BON.
    D'après un portrait inédit de l'Ecole de Jean Van Eyck   63

ANTHOINE DE CROY.
    Comte de Porcean, Seigneur d'Araines, de Renty, de Senighem, de Héverlé, etc 131

PHILIPPE Ier DE CROY.
    Comte de Porcean, Seigneur d'Araines, de Renty, de Senighem, d'Aerschot, etc., et

JACQUELINE DE LUXEMBOURG.
    Femme de Philippe Ier de Croy, Dame de Bar-sur-Aulbe, etc . . 179

Bruxelles. — Imprimerie Polleunis et Ceuterick, rue des Ursulines, 37.

www.ingramcontent.com/pod-product-compliance
Lightning Source LLC
Chambersburg PA
CBHW060129190426
43200CB00038B/1881